Paco Ignacio Taibo II

Cárdenas de cerca
Una entrevista biográfica

Grupo Editorial Planeta
México

COLECCION: **MEXICO VIVO**

Dirección editorial: Homero Gayosso A. y Jaime Aljure B.

Diseño de portada: Gerardo Islas
Foto de portada: Paco Mayo
Fotos de interiores: Archivo de Cuauhtémoc Cárdenas

DERECHOS RESERVADOS

© 1994, Paco Ignacio Taibo II
© 1994, Editorial Planeta Mexicana, S.A. de C.V.
          Grupo Editorial Planeta de México
          Avenida Insurgentes Sur núm. 1162
          Col. Del Valle
          Deleg. Benito Juárez, 03100
          México, D.F.

ISBN: 968-406-436-5

Primera reimpresión: abril de 1994

Impreso y hecho en México-Printed and made in Mexico

Impreso en Metropolitana de Ediciones,
S.A., de C.V. Parque Industrial Finsa Nave 5, Periférico
Oriente entre Ejes 5 y 6 Sur Iztapalapa, México, D.F.,
esta impresión consta de 10,000 ejemplares

Nota previa del autor

Este no es un libro inocente. No conozco libros ino-
centes, pero sí muchos que navegan en el cínico mar
de la inocencia. Soy parcial. Arriba de mi tocadiscos
tengo una fotografía de Cárdenas a caballo, no tan
buena como las de mi general Francisco Villa o los
grabados de Leandro Valle, pero claramente mostra-
dora. Sé por quién voy a votar en las próximas elecciones, y mi clan también lo sabe. Votará por él mi
esposa Paloma, mi hermano Benito, mi hermano
Carlos, mi padre, mi madre, mis primos, una de mis
cuñadas, Don Florencio (el entrañable personaje que
arregla los desperfectos eléctricos en mi casa), mi
editor (o al menos uno de ellos) y la inmensa mayoría
de mis amigos (mi hija declara que el voto es secreto
y que no confesará sus preferencias).

Por lo tanto escribo esta entrevista como una mo-
desta aportación a la campaña y va dedicado a todos
ellos, incluido el propio Cárdenas.

No se pida pues objetividad, distancia, imparciali-
dad, pero tampoco una visión acrítica del personaje.

Las conversaciones se produjeron en febrero, marzo y abril del 93 y la entrevista con la que cierra el
libro en enero de este mismo año. Durante 16 horas,
a puerta cerrada y sin interrupciones, Cárdenas contó
la versión de su propia y personal historia, centrán-
donos en el hecho biográfico, dejamos fuera sus opi-

niones o su visión crítica del país.

Una serie de sesiones de entrevistas programadas, sobre el proceso de resistencia civil posterior al triunfo electoral, que luego dio nacimiento al PRD, no se realizaron por mi culpa. No preparé las entrevistas con ningún tipo de documentación porque quería que las preguntas reflejaran una visión desinformada, común y corriente del asunto, me equivoqué: la mejor entrevista es aquella en la que uno sabe más del personaje que el propio entrevistado: ahí es cuando tú puedes jugar al preguntador inocente.

No todas las preguntas son mías, algunas pertenecen a mi padre, Paco Ignacio Taibo I o a Carlos Lavore, que asistieron a varias de las sesiones. La excelente transcripción de las cintas fue realizada por Juan Carlos Gallo.

El manuscrito fue revisado por el propio Cuauhtémoc para evitar errores de transcripción en sus respuestas. No se produjeron cambios sustanciales.

PIT II
diciembre 1993/febrero 1994

6

I. Infancia, adolescencia

*Naciste el 1º de mayo de 1934; para un personaje
cuya andadura es un encuentro permanente con los
símbolos, cuyas guerras políticas son inicialmente
guerras simbólicas, pareciera un acto programado.
Un acto previsto desde la malicia del general.
Cuauhtémoc se ríe cuando se lo sugiero.*

—El 1º de mayo, día del trabajo. De ocho meses,
además —*dices*.

—De ocho meses...

—Para llegar a tiempo.

—¿Seguro no fue inducido?

—Fue más bien un accidente. Nací aquí en México, en la colonia Guadalupe Inn. La dirección era
Wagner 50, la casa familiar de entonces. Mi padre
era candidato a la presidencia en ese momento y como no me esperaban, me pusieron en una caja en lugar de una cuna; una caja de un abrigo o algo así.
Momentáneamente no había cuna ni nada todavía en
la casa, y platica mi madre, que el primero que me
conoció fue el general Múgica y le fue a avisar a mi
padre, que en esos momentos estaba en alguna celebración con motivo precisamente del 1º de mayo, en
campaña.

—No me digas que el nombre también fue acci-
dental.

—¿El nombre?... Fue mi padre quien lo decidió,

7

creo que estuvo pensando un tiempo en Alvaro, por el General Obregón, porque había andado en la Revolución con él y le tenía buenos recuerdos. Pero de repente decidió que Cuauhtémoc y Cuauhtémoc fue.

—¿Alguna vez te dio alguna explicación de por qué te había llamado Cuauhtémoc, tu padre?

—Era muy obvio ¿no?

Te quedas pensando, Cárdenas, en recuerdos que no te son propios, historias de la falsa memoria, que te contaron. De el otro tú que eras.

—Y para volver a lo simbólico, Múgica fue el padrino.

—Me registraron en la Delegación San Angel, fue el General Múgica y un hermano de mi padre, Alberto, que era delegado en San Angel en esa época. Ellos fueron los dos testigos de mi registro.

El cuarto donde trabajas, en el que se han de realizar estas entrevistas, es cualquier cosa menos confortable; se me ocurren veinticinco adjetivos: austero, parco, sencillo, simple, e incluso algunos adjetivos malignos: poco imaginativo, frío. Las fotos le dan calor, luego hablaremos de ellas.

—¿Era la tuya una casa de militares?

—¿Perdón?

—¿A menudo había militares en tu casa?

La grabadora recoge un suspiro y poco después el click de un encendedor, la aspiración que muestra que un cigarrillo se ha encendido. Se trata de una grabadora general electric, de mano, mexicana, muy eficiente. El cigarrillo debe ser mío. Cárdenas no fuma.

—En mis primeros recuerdos, sí, no demasiados, pero sí, pues sí. Espera, mis primeros recuerdos no son de la casa, son de la presidencia, donde había militares; estaba por ejemplo, su jefe de ayudantes, porque mi padre suprimió el estado mayor presidencial, funcionó nada más con una jefatura de ayudantes. Los militares eran parte de lo que se veía todos los días ahí en Los Pinos. En esa época había más militares en la vida política activa y muchos usaban regularmente el uniforme.

—Cuauhtémoc, ¿tienes alguna imagen de tu mexicanísima nana? ¿Quién te cuidaba?, ¿o andabas por ahí suelto en Los Pinos? Porque Los Pinos surge en la vida política nacional con...

—Sí, Los Pinos fue la residencia presidencial que arregló mi padre, que acondicionó para irse a vivir y no al Castillo de Chapultepec. Los Pinos, como por ahí se ha dicho ya, era el nombre de una huerta en Tacámbaro donde había conocido a mi madre.

—Vagando por Los Pinos... ¿quién te cuidaba, pues?

—Había una nana, sí, eso era usual, lo sigue siendo en alguna medida, había una muchacha en esa época, Luz...

Se te afloja el rostro habitualmente rígido, los recuerdos hacen que las cejas asciendan, la boca se frunza.

—Luz... Me voy a acordar del nombre... Sosa, Luz Sosa.

—¿Tienes algunas imágenes de esa etapa de la infancia, recuerdos de los Pinos?

—Borrosamente, la casa, los jardines; había calzadas de tierra, no había pavimento. Después, cuando regresé en épocas más recientes, ya todo estaba pavimentado. En esa época había calzadas de tierra donde se podía incluso montar a caballo.

—¿Daba la sensación de un pequeño rancho dentro de una ciudad?

—Pues en cierto modo. Había unas caballerizas

9

chicas, había unos caballos pequeños con los que yo aprendí a montar. Existía una alberca de agua helada, muy helada, donde mi padre se metía a nadar en las mañanas y había una alberca chiquita que se calentaba, que era la que usábamos los niños en esa época.

Poco a poco va fluyendo una sonrisa.

—¿Cuantos hermanos tienes?

—Una hermana, Alicia, que es mayor que yo, pero ahí en Los Pinos había muchos niños, amigos míos, amigos de mi edad por una parte y un grupo de muchachos que mi padre había llevado de distintas partes del país y que vivían en los Pinos; estudiaban la mayor parte de ellos en la primaria que estaba, que está todavía, enfrente, El Pípila.

—¿Qué es eso de que había llevado tu padre a niños?

—Cuando salía de gira los padres de algún chamaco le pedían que se lo llevara a estudiar porque ellos no tenían recursos, y mi padre se lo llevaba. Había yo no sé cuántos, quince o veinte vivían en Los Pinos y ahí tenían su dormitorio, ahí comían, etcétera. Yo, más o menos convivía con ellos; eran, la mayor parte de ellos, mayores que yo, bastante mayores, digo; para esa edad cuatro o cinco años hacen una gran diferencia. Además había amigos míos, de mi edad, hijos de amigos de la familia; en los últimos años teníamos una maestra de jardín de niños que nos daba clase en un kiosko que había ahí en Los Pinos...

—Qué pasó con esos muchachos? ¿Les seguiste la huella?

—Pues no, cuando terminó mi padre en Los Pinos, la mayor parte de ellos fueron a dar a algún internado del gobierno, a otras escuelas o regresaron a sus casas... no volvimos a ver a casi ninguno.

—Por razones de edad eres contemporáneo de los

niños de Morelia. ¿Conociste a los niños de Morelia?

—Eran mayores que yo, en lo general. Uno de ellos se fue a vivir a Pinos, Fernando Reylancha, vivió con nosotros y a él sí lo hemos visto recientemente.

—¿Los conociste en Morelia?

—Los visité alguna vez que fui a Morelia. Recuerdo haber ido a la escuela España-México en esa época.

—Hay fotos tuyas, con tu padre, visitando la escuela.

—Te diría que las recuerdo, pero en fin, a partir de las fotografías... Uno a veces recuerda cosas que no recuerda.

—¿Tienes alguna imagen de tu padre presidente, que te haya quedado grabada firmemente, que te haya impactado de una manera particular?

—Yo lo acompañaba en el trayecto de Los Pinos a Palacio, muchas veces me iba yo con él en las mañanas.

—¿En qué viajaban?

—En el automóvil que tenían en la presidencia. Iba el chofer, algún ayudante y él, generalmente con alguna otra persona con quien iba tratando alguna cosa y yo lo acompañaba. Lo dejaba en Palacio y me regresaban, desde luego.

La grabadora registra las risas de los presentes, también tu risa cuando te llega la imagen que has evocado. El niño que llega tan sólo hasta la puerta de palacio.

—Tienes alguna imagen que te haya impactado de la figura presidencial, de la importancia pública de tu padre?

—Recuerdo haberlo acompañado, seguramente en los últimos dos años, a los desfiles del 16 de septiem-

11

bre. Hacíamos el recorrido de Los Pinos a Palacio.

—Caminando

—En carro abierto. También lo recuerdo en Palacio, en los momentos del desfile, presidiéndolo en el balcón y tengo imágenes de convivir con él tanto en la propia casa de Los Pinos como en Cuernavaca. Íbamos muy frecuentemente a Cuernavaca, a Palmira, donde tenía un rancho, una granja grande, que después regaló a la Secretaría de Educación y ahí se hizo una escuela Normal Rural.

—Supongo que tienes dos evaluaciones diferentes, o dos memorias diferentes de estos años, una de ellas es una memoria infantil, llena de agujeros, como queso gruyere, en la que hay imágenes sueltas y muy borrosas...

—Muchos agujeros.

—Sí, y otra de ellas que es una memoria histórica, prestada, que adquiriste al paso de los tiempos. ¿Cómo evaluarías hoy, desde ahora, la presidencia de tu padre?

—Como un gran esfuerzo por cumplir el compromiso que él recogió, sintió en la revolución. Yo, desde que tengo uso de razón oí hablar del reparto de tierras, de la importancia del ejido, de los derechos de los trabajadores, de los derechos de la gente en términos generales, de la lucha contra la intervención, del petróleo. Son recuerdos que no te puedo decir si son directos o son prestados como tú dices, pero son recuerdos presentes en la vida. Ahora, él tenía una gran dedicación y gusto por la agricultura, por los árboles, por las plantas, por las flores, en todas partes donde andaba, andaba podando, viendo qué árbol nuevo, qué nueva especie se introducía, observando y opinando sobre los animales, la ganadería. En Palmira había vacas, había una cruza de ganado suizo con ganado cebú...

Sin embargo, pareces evocar ese mundo medio agrario con respeto pero no con nostalgia. ¿Te habrás vuelto en estos años un personaje estrictamente urbano? La pregunta se me evapora, consumida por otra que desde hace tiempo traigo en la cabeza.

—El paso de los tiempos te ha puesto en el centro de un debate que a mi me parece fundamental, que es el debate entre autoritarismo y democracia. A pesar del rescate permanente que haces de una parte del pensamiento de tu padre, básicamente su pensamiento social, ¿tienes algún registro de él como una personalidad con elementos autoritarios, al fin y al cabo muy al uso de los años treintas?

—No, realmente no. Sabía ser enérgico cuando había que ser enérgico, pero no impositivo en el... iba yo a decir en el terreno político, pero yo diría en ningún terreno, ni siquiera en el familiar. Era una persona que escuchaba mucho, que gustaba de conversar. Teníamos largas sobremesas siempre en la casa. Yo no recuerdo que él alguna vez me hubiese pegado y prácticamente ni siquiera regañado; creo que esta función se la relegó a mi madre, que tampoco lo hacía con mucha frecuencia. Él era muy respetuoso de las personas y la familia y muy respetuoso de lo que cada quien hacía. En todo caso predicaba con el ejemplo, pero nunca le oí decirme a mí o a alguno de sus colaboradores: "se hace esto" o "tienes que hacer tal cosa" o "tienes que decir tal otra cosa".

—¿Tienes registro de las intenciones educativas que tu padre tenía contigo? O sea, ¿qué quería que leyeras?, ¿en qué insistía contándote para que recordaras?, ¿qué quería que guardaras como ejemplo? Estas intenciones educativas que todos los padres...

—Él en ese sentido era más el ejemplo y la vida

de todos los días. El leía mucho y leía de todo. Desde luego de los problemas del momento, mucho de agricultura, de cuestiones forestales, de... lecturas muy muy variadas, leía mucho; creo que al verlo leer, seguramente algo se le pega a uno, no había una inducción de que tienes que leer esto o conviene que leas tal otra cosa, no. Hablaba de los personajes de la historia de México, mucho de su propia vida revolucionaria, de cuándo, de cómo se incorporó a la revolución y se fue para el norte, como regresó a Michoacán ya como revolucionario, cómo tuvo que salir en alguna ocasión brincando bardas ahí en los corrales de Jiquilpan para escapar de algún grupo que lo andaba siguiendo, cómo se fue a Sonora. Él se incorpora al movimiento revolucionario en la tierra caliente de Michoacán, de ahí seguramente el amor que tenía por esa zona y la dedicación que le puso para que pudiese progresar; con obras de riego, con caminos, con el ferrocarril que se introduce durante su presidencia, etcétera.

—He escuchado muchas veces la siguiente idea, supongo que no te va a gustar, la fórmula de que Cuauhtémoc Cárdenas es el proyecto de Lázaro Cárdenas para ser el presidente que él no pudo ser, limitado por sus circunstancias.

— Si en algo fue muy insistente en sus conversaciones conmigo, fue en que no me metiera en las cosas de la vida política. Sabía que a mí me interesaba. Yo creo que pensaba que de ahí podían surgir muchas preocupaciones y muchos desencantos y como padre seguramente no quería que eso me sucediera. Me decía que no me metiera en la política y que no se me ocurriera hacerme militar, que no fuera yo a ser militar. Cuando de chico o adolescente platicaba uno: "yo quiero ser esto" o "yo quiero ser aquello", él siempre me dijo: "lo que tú quieras", pero trató de desalentarme, de cualquier manera yo no tenía vocación para la carrera militar y pensaba que mi desarrollo debía ser más por la vía profesional, más por la vía de servicio, que una participación activa en la vida política.

—Interesante... Pero...

—Desde luego, nunca me dijo "esto no lo hagas" o "esto no quiero que..."

—La frase: "hijo mío te recomiendo que por ningún motivo trates de ser presidente", esa frase no existió.

—No.

—Pero tampoco la contraria, según lo que nos estás contando.

—No, pero mientras él vivió yo no tuve prácticamente ninguna actividad partidaria.

—Sin embargo imponía mucho, ¿no?.

—Sí, imponía.

—Como lo estás contando, estás rápidamente reseñando una especie de mirada de abajo hacia arriba hacia una figura que impone...

—Yo te diría que es la impresión que tuve desde chico.

—De que el general imponía, a la buena, pero imponía.

—Muy a la buena porque era una gente muy tranquila, muy cariñosa en la casa, con todo mundo, evidentemente con la familia, pero no nada más con la familia, sino con los amigos con que convivíamos regularmente.

—Tus memorias de infancia las tienes remitidas, más que a ser hijo de presidente, a ser hijo de ex presidente, por la edad.

—Cuando mi padre sale de la presidencia, y por lo

tanto de Los Pinos, yo tengo seis años, seis años y medio.

—¿Cuál es tu primer recuerdo en el que te dices: "mi papá es ex presidente"? Que en este país es algo así como pasar del todo a la nada, en la lógica del pasar del poder supremo al poder inexistente. ¿Tienes ese registro de que de repente todo cambió de una manera radical?

—Sí, y tengo otra cosa que quizá sea interesante contar. Yo no sé exactamente cuándo, pero todavía en Los Pinos registré que él estaba haciendo algo, algo grande, es decir algo más allá de lo normal, por el cariño de la gente o por lo que se platicaba en casa o, por el ambiente que flotaba, yo no sabía exactamente qué es lo que platicaban los ayudantes, la gente con la que yo podía tener contacto antes de los seis años, o mi misma madre. Yo sabía que no era una persona común y corriente, eso sí estaba claro.

—¿De qué se trataba, de la expropiación petrolera?

— De los días de la expropiación petrolera.

—A los cuatro años. ¿Será un recuerdo prestado o será propio? ¿Serán estas memorias que dan la vuelta porque las tomaste de lo que otros contaron, de una foto, de un libro?

—Mira, es propio y prestado porque ese día, debe haber sido…

—El 18…

—Debe haber sido el 19, quiero suponer que fue el 19, porque el 18 se anunció en la noche la expropiación.

—En el programa de radio.

—En la noche. En esos días pasó algo fuera de lo habitual. Nos hicieron fotografía, retratos de familia. Hay con mi hermana, los cuatro, los tres, yo con mi

16

madre, etcétera. Y eso lo recuerdo. O sea que debo tener recuerdos propios de la expropiación. También seguramente lo que me transmitieron los adultos con los que convivía. La sensación de que algo importante estaba pasando. Me tocó ir con la alcancía, un puerquito de barro, a llevarla a Bellas Artes a las colectas que había por lo de la expropiación.

—Tenías tres años y meses.

—No, tenía cuatro. No, casi cuatro.

—Casi cuatro. Es bonito eso de la alcancía ¿eh?, el puerquito…

—Hay fotos, fui con los amigos a llevar nuestras respectivas alcancías.

No conozco la foto. Me prometo recuperarla. Continúas:

—También me acuerdo cuando dejó la presidencia, es decir, me acuerdo cuando regresó a la casa, con varios de los colaboradores, secretarios, etcétera, algunos con los ojos llorosos.

—Y luego dejaste Los Pinos.

—Nos fuimos primero a Palmira, a Cuernavaca, ahí estuvimos unos días.

—La época de transición.

—Pero muy poquitos días y luego nos fuimos a Michoacán. Todo el año de 41 lo pasamos principalmente en Michoacán. Yo había hecho un año del jardín de niños aquí en una escuela que estaba en la colonia Del Valle, Brígida Alfaro, creo que todavía existe. Me fue a llevar mi padre, el me llevó a esa escuela y luego me llevó a la escuela en Jiquilpan cuando entré a primer año. Él se ocupaba de eso.

—¿Era su tarea familiar, llevar hijos a la escuela?

—Sí. Y nos fuimos todo el año de 41 prácticamente a Michoacán, entre Jiquilpan y Pátzcuaro se pasaba la mayor parte del tiempo y en algún momento vinimos a México y en todos lados me metían a la escuela. Estuve en primer año en Jiquilpan y en Pátzcuaro y en alguna época que fuimos a México, no sé por qué razón, también fui a dar a una escuela.

—Sin vacaciones. ¿No resentías los cambios en la relación con los amigos de la escuela?

—Sí, pero en la ida a Michoacán nos acompañaron algunas personas que estaban con él en México, o iban mucho; se pasaban temporadas largas, a veces varios meses con nosotros por allá.

—Total que el primer año de primaria fuiste una especie de vagabundo.

—Entré a la escuela en Jiquilpan y Pátzcuaro y terminé finalmente en Jiquilpan el primer año, todavía creo que empecé el segundo o iba yo a empezar el segundo, cuando mi padre se fue a fines del año, a finales del año 41, a Ensenada para hacerse cargo...

—¿Del ejército?

—De la región militar del Pacífico...

—Bajo la amenaza de una posible intervención japonesa en México que se usaría como trampolín para atacar la California gringa.

—Y la eventual entrada de México a la guerra, que todavía no se daba. De ahí me llevaron primero a Mazatlán, donde se iba a instalar el cuartel general de la región del Pacífico y finalmente a Ensenada.- Creo que estuvimos como un mes y medio en Mazatlán porque estaba indefinido.

—Muy poco después tu padre regresa al gobierno como ministro de la Defensa, después de la entrada de México en guerra contra el eje en el 42.

—A mediados de 42, entonces yo entro a segundo año en Mazatlán, sigo en Ensenada, donde termino, paso por México y entro en tercer año a Jiquilpan..

No sé por qué nos detuvimos nosotros ahí mientras mi padre ya se había venido a México y entonces vuelvo a entrar a tercero hacia mediados de año aquí en México, primero en Santa María, porque llegamos a casa de mis abuelos y luego ya nos mudamos a casa de un hermano de mi padre, de Dámaso, mi tío Dámaso, donde estuvimos desde el 43 hasta el 55 en la colonia Guadalupe Inn.

—¿Fuiste como niño errante, no?

—Todavía entré otra vez a dos escuelas, una en Guadalupe Inn y otra en San Angel...

Se escuchan risas en la grabación.

—Para terminar tercero...

—Es la historia del niño errante. Al final ya hasta te gustaba esto de llegar a cada rato a una nueva escuela, ¿o te producía mucho desajuste?

—Seguramente había un cierto desajuste. A una escuela por ejemplo, que nos quedaba a una cuadra de la casa, en Guadalupe Inn, de repente dejé de ir. No sé cuantos días pasaron, dos o tres días y entonces mi padre preguntó, "¿por qué Cuauhtémoc no va a la escuela?", "No sé, no le hemos preguntado". Y entonces me preguntaron...

—Yo dije: "A esa escuela no, llévenme a otra y no habrá problema".

—¿Eras un niño tímido?

—Un tanto introvertido. Yo creo que sí.

—Producto de estas circunstancias de andar de un lado para otro...

—No sé, pero no con los amigos, no con la gente cercana.

Cárdenas se queda pensando en aquella peregrinación escolar que para los que estamos escuchando ya parece interminable.

—Entonces me llevó a otra escuela en San Angel

y ahí terminé tercero…

En la grabación se escuchan comentarios disper-
sos, mezclados más tarde con estática, que indican el
fin de la sesión y de la cinta. Los borro.

II. Adolescencia y juventud

La grabadora registra ruidos extraños, luego una voz, la mía que recorre como letanía los números: diez, nueve, ocho, probando...

—Saltando de la infancia a la adolescencia, ¿hay algún registro, tienes algún registro del principio de la rebeldía natural de un adolescente, de tú, o de tus primeras rebeldías, de haber tenido algún choque familiar o de haber dicho "hasta aquí llegué"?

—No. Realmente no.

—¿Otros recuerdos de esos años?

—Cuando la rebelión de Cedillo en el 38 nos fuimos a San Luis Potosí. Primero se fue él y a las equis semanas o equis tiempo, mi madre y yo nos instalamos en San Luis. Me acuerdo que los ayudantes platicaban que junto a la casa a la que llegamos, que estaba al lado de lo que era el campo de aviación, un llano simplemente, habían caído unas bombas. Entre el grupo de ayudantes que había andaban dos agentes de la policía secreta, uno se apellidaba Topete; yo me acuerdo mucho de eso, porque lo que hacían era esconderse de mi padre, que no viera que andaban ahí los agentes estos dizque cuidando. No creo que dos hayan hecho mucho para cuidar, pero ellos se la pasaban, esto sí me acuerdo yo, escondiéndose de él para que no los fuera a ver. Otra cosa que no le gustaba era que los ayudantes militares cuando andaban con él, y sobretodo cuando andaban de civiles, trajeran pistola. Cuando le pescaba la pistola a alguno se la quitaba y no faltó algún campesino que, al paso, se quedara con la pistola de un ayudante... Esto de guaruras era totalmente desconocido y absolutamente prohibido y en toda su vida nunca anduvo con ningún tipo de protección.

—Vamos a tus recuerdos de juventud. Después de la primaria, mediados de los años cuarentas en la ciudad de México ya, durante un tiempo, mientras él era ministro de guerra.

—Todo el tiempo desde el cuarto de primaria hasta el tercero de secundaria estuve en el Williams, en Mixcoac y luego él quiso que hiciera la preparatoria en San Nicolás y nos vamos en el 49 a Morelia. Ahí me inscribo en la preparatoria de la universidad y estamos esos dos años en Morelia, él ya a cargo de la Comisión de Tepalcatepec desde mediados del 47.

—Otro cambio más.

—Otro cambio más.

—Que te toma en 1949, 1950, a los 14 años ya, adolescente.

—Quince.

—¿En esos momentos tú de dónde te sentías? ¿Eras chilango nativo de la ciudad de México, eras Michoacano?

—De la ciudad de México, pero me sentía ligado a Michoacán, porque mis padres eran de allá y porque en todas las vacaciones iba y los abuelos eran de Michoacán y todo lo que había en cuanto relación familiar también lo era.

—¿Tienes cierto registro de que durante tu adolescencia sentías una parte de tu pertenencia a la ciudad, al núcleo urbano y otra al mundo campesino, tienes esta conexión además quizá inducida por tu propio padre, por su relación?

—Mi padre tenía mucho interés en la reforma agraria, mucho interés en los campesinos, mucho interés en la agricultura, en la vida rural y esto, como parte de la formación que yo fui recibiendo, me lo pasó de una u otra forma en la convivencia.

—¿Pensaste alguna vez en esos años en ser ingeniero agrónomo, por ejemplo, te cruzó...?

—No.

—¿Ya sabías desde entonces?

—Quizá de chico pensaba yo más en la química, no sé exactamente por qué razón, probablemente por el atractivo de ver los experimentos... podía uno inventar cosas, ¿no? Pero después comencé a pensar en la ingeniería civil.

—Regresas de nuevo a la ciudad de México para estudiar ingeniería. ¿Cuáles son tus memorias de tu paso por la universidad? ¿Cómo era la universidad por esos años?

—Mira, primero, yo soy de la última generación que empieza y termina la carerra en el Palacio de Minería. A nosotros nos dieron la oportunidad en el último año de ir a Ciudad Universitaria y de la generación, que debemos haber sido ciento y tantos, quizá unos veinte o veinticinco se fueron a Ciudad Universitaria y la mayoría nos quedamos en Minería. El primer día de la llegada a Minería, primero la inscripción en la universidad, allá en el centro, en Justo Sierra, 200 pesos de inscripción y luego el primer día la novatada, en ingeniería se hacía novatada de un día nada más, eran muy civilizados según esto. Ese día había que pasar por todo: corte de pelo, la pintura, los toques, el chapopote, la alberca...

—Eran civilizados gracias a dios.

La grabadora registra risas.

23

—Y de ahí, te daban un papelito, un recibito para que pudieras recoger a los dos o tres días, tu diploma de perro y ya no te hicieran nada.

—Diploma de perro... eran civilizadísimos

—Había que traerlo contigo las primeras semanas para que no se les fuera ocurrir repetirte la dosis. Ese fue el primer día y luego, bueno, pues ya el inicio de clases, el encontrarte con los compañeros; ahí coincidí con algunos amigos que veníamos desde la secundaria, yo había interrumpido la amistad, desde luego, durante la preparatoria, que había hecho en Michoacán.

—El problema de apellidarse Cárdenas. ¿Te pesaba sobre la espalda a lo largo de tu vida de adolescente y joven?

—Pues sí y no, digo sí y no, porque no había de otra en primer lugar.... Y además, bueno, no era cosa de llevar el nombre y pedir nada especial o nada distinto. Era yo bastante buen estudiante, o sea que por ese lado no tenía yo muchos problemas.

—¿Cuál fue tu especialidad?

—Ingeniero civil

—¿Qué tal con los maestros?

—¿En ingeniería? Con quien mantengo todavía una cercana relación de amistad es con Esteban Salinas, maestro emérito de ingeniería con quien, el grupo que anduvimos juntos ahí en ingeniería, llevamos unas cinco o seis materias en distintos años, de primero a tercero. Heberto Castillo, ahí lo conocí; lo conocí fuera de la escuela y luego nos dio clase, Estructuras, en quinto, pero la relación con él fue más fuera de la escuela que en la escuela misma. Don Javier Barros Sierra, que era el maestro de álgebra en primer año y que no concluyó el curso; también un maestro italiano, Adrián Giombini, que fue de los que llegaron a México para la construcción de Bellas Artes, daba Dibujo y Geometría Descriptiva y Perspectiva en segundo año.

—¿Leías novelas en aquella época?

—Todo Salgari, Zévaco, muchas de Verne.

—¿Había entre tus compañeros alguna persona que más tarde destacara en la vida pública?

—Bueno, fue mi compañero, aunque lo traté poco en la escuela, Vicente Leñero. Yo creo que nunca trabajó como ingeniero, que destacó en la literatura pero no hizo mucho en la ingeniería...

Me quedo pensando que no es absolutamente cierto, que Leñero hizo una labor de ingeniería civil útil para todos, pelearse con los tanques de agua de la ciudad de México durante dos años.

—... a quienes conocí después, durante mi paso por la universidad, pero no en ingeniería, sino en el comité de apoyo a Guatemala, fueron a Luis Prieto, Sergio Pitol, Leonel Durán, Rodolfo Stavenhagen...

—Cuauhtémoc, tú eres una persona con una gran resistencia física, que no sé bien de dónde viene, porque no recuerdo haberte oído hablar de esas actividades. ¿Practicabas algún deporte en esa época?

—Bastante. Natación cuando podía, y jugué mucho frontón, desde que estaba en la secundaria empecé a jugar y todavía durante la carrera, desde luego. Todavía en Morelia jugué.

—¿El amor?

Se escuchan risas en la grabación, un suspiro.

—Si quieres apago la grabadora...

—No, no, no fui muy noviero que digamos, realmente no. No me atraía mayormente el baile, por ejemplo.

—¿Había mujeres estudiando en ingeniería en ese momento?

25

—Sí, unas cuatro o cinco compañeras entre ochocientos alumnos.

—¿No bebías?

—Muy poco.

—¿No fumabas?

—No, nunca.

—Nunca. ¿Por qué nunca fumabas? ¿Nunca viste fumar? ¿O era por el deporte?

—No, mira, en la casa mi padre no fumaba, no le gustaba que se fumara, no impedía que lo hicieran los que fumaban, desde luego. Y a mí no me llamaba la atención.

—Ustedes, los sanos, se lo pierden.

III. De Guatemala al MLN pasando por la Comisión del Balsas

La grabadora cruje durante un rato. Debemos estas moviendo los vasos de agua y la cocacola (que saqué de mi portafolio) sobre la mesa.

—¿Tuviste alguna participación en movimientos estudiantiles, sociales, electorales, en aquellos años?

—Fue una participación no electoral. La primera en la creación del comité contra la intervención extranjera en Guatemala en el 54, lo constituimos en la universidad. Hubo una reunión en la cafetería de ciudad universitaria, ahí se formó el comité. Yo iba con un compañero de escuela, Julio Argüelles, que después se casó con una prima mía, y éramos los dos únicos de ingeniería. Se denunció el golpe de la CIA y los miliatres contra Arbenz y se decidieron tomar medidas. Me designaron presidente del comité, empezamos a tener actividades, protestas, se llevó una corona a la embajada americana por la muerte de la política de buena vecindad, etcétera.

Mi padre andaba en Michoacán y como nos habíamos movido mucho, creando muchos líos y con abundante resonancia en los periódicos, yo estaba preocupado. Nosotros, los amigos muy cercanos que convivíamos en la casa y que él nos veía con frecuencia, estábamos preocupados. Y yo estaba preocupado por lo que me pudiera decir. Que me dijera: "andas

27

metido en esto pues sin haber consultado ni nada".
Un día llegué de la escuela o algo así con tres o cuatro compañeros que andábamos en esto a desayunar temprano a la casa y lo encontramos. Lo único que hizo fue preguntarnos: "¿Qué andan haciendo?", le dijimos qué andábamos haciendo y cuando no nos respondió nada, pues nos paramos muy tranquilos, por lo menos respiramos. O sea que él nunca nos dijo "hagan esto" o "deja de hacer tal cosa".

—Hablemos sobre el Movimiento de Liberación Nacional (MLN), tu experiencia en el movimiento. En el año...

—Empieza en el 61. El movimiento surge a partir de una resolución de la Conferencia Latinoamericana por la Soberanía Nacional, la Emancipación Económica y la Paz, convocada en marzo de 61. Ésta era una conferencia que reunió a representantes de muchos partidos de América Latina, movimientos cívicos; pero sobre todo partidos políticos o movimientos ciudadanos que estaban luchando por estos objetivos principalmente: la paz, la emancipación económica y la soberanía nacional. Esta conferencia fue convocada, porque de algún modo tenía que arrancar, por tres miembros de lo que era entonces la presidencia colectiva del Movimiento Mundial por la Paz, que fueron, un diputado brasileño, Domingos Velasco, un miembro argentino de la presidencia del movimiento de la paz, el Ingeniero Alberto Casella y mi padre. Ellos convocaron a la celebración de la Conferencia Latinoamericana, que se empezó a organizar aquí en México y que tuvo lugar en los primeros días de marzo del 61. Fue una reunión muy rica en sus resoluciones. Para impedir que se realizara se pusieron todo tipo de obstáculos; no se pudo alquilar un local, un teatro, y no hubo ningún salón que se consiguiera

28

prestado, entonces la reunión tuvo que celebrarse en los Boliches Santa Bárbara, que tenían salones grandes, y que ya no funcionaban como boliches. Éste fue el único sitio que se pudo encontrar, si mal no recuerdo, los boliches pertenecían en esa época a Alejo Peralta. Se clausuró en la Arena México, y vino gente de toda América Latina, de varios países de Europa, representantes de la dirección del Movimiento por la Paz. Una de sus resoluciones, fue la de que se constituyeran, en cada país de América Latina, movimientos o agrupaciones plurales, donde tuvieran cabida los distintos partidos políticos, las agrupaciones sociales, etcétera, que trabajaran por las causas que se había acordado en la propia conferencia y que, ya los movimientos creados en cada país, convocaran a una segunda conferencia. Esta segunda conferencia nunca se pudo llevar a cabo, después se crearon en algunos países, México fue el que más avanzó, con la constitución del Movimiento de Liberación Nacional.

—Antes de que avances, ¿cuántos años tenías entonces?

—En el 61 tenía 27 años.

—¿Eras miembro del PRI en aquel momento?

—No, no era miembro de ningún partido.

—El contexto. Era un año muy duro, acababa de pasar el movimiento ferrocarrilero, movimientos magisteriales, tomas de camiones en la universidad, movimiento médico...

—Entre las resoluciones que se tomaron en la conferencia estaba una respecto a México, de demandar la libertad de los presos políticos que había en esa época. Yo entiendo que estaban Vallejo, Siqueiros, Lumbreras, Filomeno Mata..

—¿Influía mucho el reciente éxito de la Revolu-

29

ción Cubana en el ambiente?

—Estaba muy presente en toda América Latina, no nada más en México. En la conferencia tuvieron una delegación. Poco después se iba a producir la invasión de Bahía de Cochinos, o sea que la tensión ya se sentía.

—Hay en esos momentos un proceso de ruptura o de semirruptura entre la institucionalidad que había mantenido tu padre ante los gobiernos que le precedieron y su reacción ante el viraje conservador que se había dado en política en los años previos, en los cuatro, cinco años previos, con las grandes represiones de los movimientos sociales. ¿Esto fue definitivo en su incorporación a la conferencia? ¿Tuvo que ver? ¿Cómo lo percibías tú? Quizá haya que retroceder un poco para ver cómo veías el movimiento ferrocarrilero, ¿cómo viste todos aquellos movimientos sociales y la situación política gneral? ¿Cuál era la reacción de tu padre respecto a esto, la visión que tenían, si era parecida, igual, o compartida en algumas cosas?

—La represión fuerte del movimiento ferrocarrilero es en el 59, si mal no recuerdo. En 59 se produce el apresamiento de todas las direcciones ferrocarrileras democráticas. Vallejo había ganado el comité nacional del sindicato, se habían ganado las principales secciones sindicales y en 1959 se produce la detención de Vallejo y de todos los dirigentes ferrocarrileros, de Campa, etcétera. En 1958 yo no estaba en México, y había sido también un año movido, lo de los camiones, de la universidad; había habido movimientos de petroleros, de los propios ferrocarrileros, eran los años también de la lucha de la sección 10 magisterial con Othón Salazar, o sea que había una efervescencia fuerte en el movimiento obrero y sindical y estaba presente en todos nosotros. Fue al inicio del gobierno de López Mateos cuando se empiezan a dar las represiones.

—¿Conociste a Vallejo?

—Lo conocí en el sesenta y... luego lo volví a ver, déjame ver, en el 62, debe haber sido...

—En la cárcel.

—Cuando acompañé a mi padre a visitar a los presos que estaban en Lecumberri y tuve oportunidad de conocerlo mejor después, cuando salió.

—¿Fuiste con tu padre a esa reunión?

—Sí, a Lecumberri, sí. Fuimos César Buenrostro, Ignacio Acosta y yo, y no me acuerdo si alguien más. Nos encontramos con Campa, con Lumbreras, yo no sé si estaban todavía Siqueiros y Filomeno Mata encarcelados ahí en ese momento.

—Durante los movimiento estabas fuera de México, ¿dónde y por qué?

—Yo terminé la carrera, es decir, me titulé, en enero de 57 y a fines de 57 salí, estuve principalmente en Francia, haciendo visitas técnicas, después en Alemania estuve unos dos o tres meses, luego estuve en Italia, también haciendo visitas técnicas, volví a Francia. Me encontré con mi padre en Europa. Los recogí a él y a mi madre cuando llegaron en barco al Havre, de ahí hicimos un recorrido de cuatro meses y regresé con ellos. Retorné en los primeros meses del año, en los primeros días de febrero de 59.

—¿Cómo te definirías políticamente en aquella época, cómo definirías a tu padre políticamente en aquella época?

—Como alguien totalmente vinculado y convencido de las ideas de la revolución mexicana, fundamentalmente, de las ideas de avanzada de la revolución mexicana; porque ahí hubo muchas expresiones, algunas corrientes que no eran progresistas.

31

—¿Y había una idea compartida, una propuesta política compartida entre tú y tu padre en ese momento, o había diferencias?

—Te podría decir que diferencias no las hubo, en sí nunca nos sentamos a discutir quién es quién en materia de ideología o de ideas, pero en fin, él tenía toda una vida llena de ejemplos y de realizaciones y yo compartía eso.

—¿Era fácil para ti hablar de política con tu padre?

—Sí, él era muy accesible.

—¿Cómo se producía esta conversación, a la hora de comer, o..?

—Muchas veces en la sobremesa.

—¿Iba mucha gente a comer con tu padre?

—No. Gente cercana a la casa sí, esto es, las personas con quien se convivía regularmente, muchas veces llegaban algunos desde el desayuno, a las horas de comida, amigos míos que, estando yo, por ejemplo, en la universidad, llegaban conmigo a comer y lo hacíamos con él, o desayunábamos con él y se producían conversaciones sobre todo.

—¿Por ejemplo?

—Desde cosas familiares, a pedir información sobre los estudios de mis compañeros, las familias de mis compañeros, los acontecimientos del día.

A mi padre regularmente le gustaba ir a Cuernavaca, por lo menos los fines de semana, despúes estuvo ahí incluso en las oficinas de la Comisión del Balsas, como había más tiempo libre se hablaba mucho de sus propias aficiones: de los árboles, de cuestiones de ganadería, de los problemas del país, del petróleo, de cuestiones agrarias, de Yucatán, de la Laguna, del Yaqui, de zonas donde él había tenido una presencia fuerte en algunas épocas, y siempre, de algún modo,

Los Pinos, 1934.

Hacia 1937.

Los Pinos, 18 de marzo de 1938. La foto familiar en momentos de tensión.

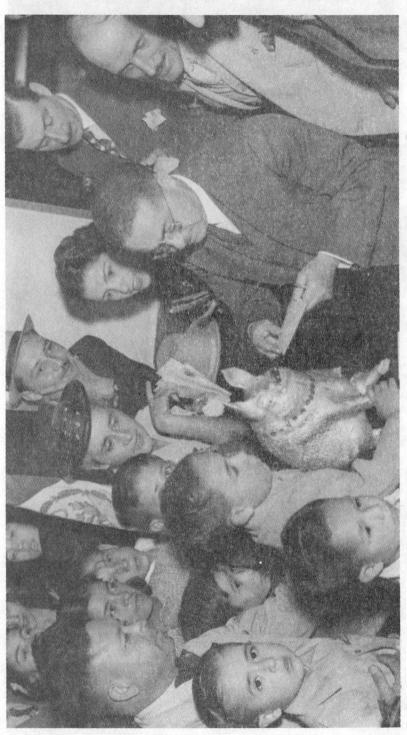

Pocos días después de la expropiación, Cuauhtémoc aporta su cochinito al pago de las indemnizaciones.

Cuauhtémoc con la bandera del jardín de niños "Brígida Alfaro" en el D.F., 13 de septiembre de 1940.

Jiquilpan, Michoacán, en la primaria Francisco I. Madero, 1941. Una más de las escuelas por las que peregrinó.

En Cantón, China, con Don Lázaro, enero de 1959.

Con su padre y César Buenrostro, Lombardía, Michoacán, 1959.

Padre e hijo en Veracruz, julio de 63.

esas regiones y esos asuntos estaban presentes en en la conversación y estaban presentes en sus preocupaciones de todos los días.

—En este momento del que estamos hablando, ¿tú las recordarías como unas reuniones optimistas o pesimistas, sentían que algo se estaba transformando para mal?

—Mira, si algo lo impactó en todos sentidos y lo preocupó, por la marcha del país, independientemente de las preocupaciones muy lógicas respecto a la suerte de las personas, fue la represión y fueron los presos políticos. Él estuvo permanentemente insistiendo en diversas formas con el Presidente de la República que correspondía, principalmente con López Mateos, y posteriormente en la época de Díaz Ordaz, respecto a los presos políticos. Cuando pudo y tuvo manera ayudó a las familias, visitó presos, estuvo, si recuerdo bien, en la cárcel de Aguascalientes visitando a los presos ferrocarrileros.

—¿Qué actividad política tenía tu padre en aquellos años?

—López Mateos lo invitó a que se hiciera cargo de la Comisión del Grijalva y después lo invitó a hacerse cargo de la Comisión del río Balsas. Mi padre le dijo que aceptaría pero que consideraba conveniente que se invitara a todos los ex presidentes para que tuvieran alguna comisión o alguna tarea de servicio al país; fue cuando Alemán se hizo formalmente cargo del Consejo de Turismo, cuando Ruiz Cortines lo hizo en un fideicomiso de minerales no metálicos, en fin... A los que estaban vivos todavía en esa época se les asignó alguna tarea, algunas meramente simbólicas, por razones ya de edad, por ejemplo, el Ingeniero Ortiz Rubio se le hizo representante del presidente ante la Sociedad de Geografía y Estadística o la

Sociedad de Ingenieros y Arquitectos, o alguna cosa de este tipo. Antes de aceptar y de que ésto se hiciera público, fue cuando él decidió visitar a los presos que estaban en Lecumberri, para comunicarles que iba a aceptar una comisión del gobierno pero que esto no significaba que fuera a bajar la intensidad de su lucha en favor de los presos políticos para que estos pudiesen salir.

—Tú tenías 27 años.

—Sí, yo nací en 34.

—¿En qué estabas trabajando entonces, en 61, cuando se funda el Movimiento de Libe...?

Un click señala el fin de la cinta.

Nuevamente la voz de Cuauhtémoc que repasa una historia sin demasiados filos.

—Se había constituido en el 59 un comité de estudios de la cuenca del río Balsas, presidido por el secretario de Recursos Hidráulicos, que era Alfredo Del Mazo, y yo era el secretario de ese comité, en realidad la parte ejecutiva de ese comité de estudios. Me tocó con un grupo de compañeros organizar este equipo de estudios y estuvimos recorriendo la cuenca por los siete estados del país que cruza, para ver que aprovechamientos hidráulicos podían hacerse, caminos necesarios, necesidades de escuelas, de salubridad, etcétera y presentamos al cabo de dos años un estudio, planos de la cuenca del Balsas, que después sirvieron como base para la constitución de la comisión y para una serie de obras que se hicieron posteriormente.

—¿Quiénes más estaban en la Comisión del Balsas?

—Estaban César Buenrostro, Leonel Durán, que después fue subsecretario de cultura, relativamente poco tiempo, Roberto Robles Garnica, Alfonso Vaca.

—Resulta curioso que estos nombres reaparezcan, treinta años después, de la Comisión de la Cuenca del Balsas al PRD.

—También estaba Luis Prieto y una serie de ingenieros.

—¿Cómo era el clima de la comisión?

—Mucho trabajo, poca burocracia, de tratar de sacar adelante las cosas, de atender a mucha gente. Hablábamos con muchas personas, primero en la etapa de estudio y luego durante las tareas de la propia comisión.

—¿En esa época te pusiste en contacto, digamos entre comillas, con la gente del pueblo?

—Sí, porque los estudios nos llevaban a recorrer las distintas regiones de la cuenca, esto es, te estoy hablando de las dos terceras partes de Michoacán, de tres o cuatro municipios de Jalisco, de la mitad de Guerrero, de toda la Mixteca en el estado de Oaxaca, de la Mixteca en el estado de Puebla, una buena parte de Tlaxcala, una buena parte del estado de México. Había que ir a cada municipio para ver que posibilidades de aprovechamiento hidráulico había allí, qué necesidades de escuelas, qué existía de infraestructura en cuanto a caminos, condiciones, recursos naturales que pudieran existir, mineros, forestales, etcétera. Y había que hablar con la gente. Simplemente había que llegar con los presidentes municipales o con alguna persona en los pueblos, a preguntar, bueno, ¿qué arroyo pasa por aquí?, o tenemos conocimiento que hay esto o lo otro, que estas corrientes… Averiguar si se había realizado en la zona estudios de recursos hidráulicos o de cualquier otro tipo, y todo esto nos llevaba a hablar con la gente, a recorrer en jeep la mayor parte del territorio y a veces a pie para entrar por las veredas.

En la descripción surgen emociones mientras se evoca, extraño en el estilo contenido de Cuauhtémoc.

—Tengo la sensación, a lo mejor estoy equivocado, de que este fue un momento importante para ti en contacto con la realidad nacional, ¿o fue anterior?

—Lo fue. Yo había tenido afortunadamente la oportunidad de estar saliendo mucho con mi padre desde pequeño, de acompañarlo mucho en recorridos que él hacía, desde que él estuvo en la presidencia, porque llevaba a la familia en muchas ocasiones, pero ya después, sobre todo me tocó, por lo menos en las vacaciones escolares, estar saliendo con él a distintos lados, mucho a Michoacán desde luego, pero también a otras partes.

—Estaba pensando, a lo mejor estoy equivocado, que una cosa era viajar con el presidente y otra cosa era tener este empleo que tenías, acercarse a toda la cuenca del Balsas...

—Claro, aparte una formación de carácter profesional, la propia vocación dentro de la ingeniería, es buscar esas vinculaciones de carácter social.

—Una cosa es digamos ser político, otra cosa es ingeniero, vinculado a este tipo de problemas tan esenciales en México. No sé qué pienses de esto.

—Definitivamente, el haber hecho trabajo profesional haciendo estudios de desarrollo regional principalmente en esa época, necesariamente te vincula con la gente, con el territorio, con los recursos, con las posibilidades; y te hace hablar con la gente. Tú no puedes simplemente estar viendo. Al llegar por primera vez a un sitio te preguntas qué es lo que se puede hacer por la gente allí.

—De aquel grupo salió mucha gente con tendencia democrática.

—Yo creo que ya venía, es decir, esa gente ya ve-

36

nía con ideas sociales. Con algunos, por ejemplo, habíamos coincidido en el movimiento universitario de rechazo a la invasión de Guatemala en 54. Con Leonel Durán y con un grupo de antropólogos que estuvieron ayudándolo, en la propia Comisión del Balsas; con Buenrostro, éramos compañeros de la universidad, compañero de generación; Luis Prieto, Robles llegaron al comité de estudios por otros compañeros, yo creo que por el propio Leonel Durán, con quien había coincidido anteriormente en el instituto indigenista, en fin, de algún modo, había trayectorias que se estaban cruzando. Y a eso se sumó un recorrido por un país en condiciones muy malas, un país agrario básicamente, en condiciones de penuria y problemas económicos graves; represión a movimientos sindicales y un clima de tensión en la ciudad de México en torno a los movimientos sociales y a la respuesta gubernamental; conferencia internacional; presión de la Revolución Cubana, todo eso estaba dentro de la cabeza en el momento en que se produce el MLN. Había movimientos muy vivos, muy actuantes en el terreno agrario. Recuerdo Sonora, por ejemplo; estaba Jacinto López por un lado, estaba Ramón Danzós por otro, ambos haciendo cabeza de movimientos campesinos importantes en el valle del Yaqui. Había un movimiento importante en Baja California, en todo el valle de Mexicali. O sea, había liderazgo en muchos casos, había compañeros muy comprometidos con la reforma agraria; había todavía muchos activistas sindicales, no todos estaban en la cárcel, que mantenían una actitud muy clara y muy firme respecto a una línea revolucionaria, es decir, había con quién hacer todo este trabajo. Existía un grupo de intelectuales muy importante que fue, sin duda, la base de la dirección del Movimiento de Liberación Nacional; Alonso Aguilar, Fernando Carmona, Manuel Mesa Andraca, el Doctor Enrique Cabrera, el doctor Guillermo Montaño, Manuel Marcué, ahí empezó también a actuar Heberto, Jorge Tamayo, Clementina Batalla de Basols. Ellos habían estado trabajando en el campo intelectual y participaron de manera muy activa en impulsar la construcción del MLN. El movimiento se constituye en agosto del propio 61, con planteamientos muy claros en cuanto a retomar una línea de desarrollo independiente, empujar la ampliación de la democracia, sostener una relación internacional equitativa, promover la paz. Era un movimiento pacifista de manera muy clara y para el movimiento, bueno, pues, se constituye en agosto de 61 y se empieza a realizar, por parte de quienes habían estado en su asamblea constitutiva, un trabajo de organización en todo el país. Soy miembro de la Dirección Nacional, formo parte de la Comisión Ejecutiva (no recuerdo exactamente cómo se haya denominado en ese momento) y quedo a cargo de la organización. A partir de ahí, empiezo a salir por muchas partes del país, para promover la organización del movimiento, generalmente acompañando a otros compañeros. Salí mucho con Alonso Aguilar en esa época. Hago recorridos por muchas partes del país, voy a Michoacán, al Noroeste, al Sureste.

—La composición del MLN era una composición extraña, muy a tono con lo que la Revolución Cubana acababa de marcar como óptica, que era la posibilidad de la emergencia, de unas fuerzas de izquierda democrática, de origen múltiple, vinculadas en torno a un proyecto nacionalista revolucionario con fuerte contenido social. En el MLN estaban también representado marxistas tradicionales y ortodoxos bastantes stalinistas.

—Había gente del partido comunista.

—También del PPS.

—Del Partido Popular, no sé si era PPS o PP nada más. También miembros del Partido Obrero Campesino Mexicano, del POCM, donde estaban Campa y Lumbreras, cristianos... en el Círculo de Estudios Mexicanos, que yo recuerde estaba un dirigente de los Cuáqueros.

—¿Y priístas no ortodoxos?, por llamarlos de alguna manera.

—También. Estaba Natalio Vázquez Pallares, por ejemplo, Rafael Galván, estudiantes del moviento juvenil que no fueron miembros de la dirección del movimiento pero estuvieron apoyando y presentes en...

—¿Había en la base del MLN una capa de intelectuales jóvenes, Flores Olea, Carlos Fuentes?

—Carlos Fuentes, Flores Olea, Francisco López Cámara, Enrique González Pedrero, que eran miembros de la Dirección Nacional.

—Que eran de tu generación, ¿no?

—Poquito mayores que yo, pero sí.

—¿Estaba el grupo de "Política", no?

—Manuel Marcué. "Política" se crea más cerca del Partido Popular. Marcué estaba en esa época cerca de Lombardo, no es una revista del Partido pero era una revista cercana al Partido Popular.

—¿Con quiénes tenias una cierta afinidad, en este grupo impulsor del proyecto del MLN?

—Con quienes estábamos en la dirección, en particular con Alonso Aguilar, a quien respeto mucho. Ahora él es parte del Movimiento del Pueblo Mexicano y ahora no hemos perdido el contacto. Desde luego con Heberto Castillo.... con todos; en realidad no teníamos muchas diferencias en enfoque, en las tareas del movimiento de liberación, que por otro lado surge y se mantiene como un movimiento que no participa electoralmente hasta el 63, cuando ese tema provoca contradicciones y hace que posteriormente se disuelva, por el 65-66, cuando el Partido Comunista impulsa la creación del Frente Electoral del Pueblo, que mucha gente ve con confusión el que haya un movimiento electoral y el movimiento de liberación, que no era un movimiento electoral. Nosotros estábamos por la no participación electoral, por mantener al movimiento fuera de ese tipo de participación.

—Cuando hablas de tareas de organización, ¿podrías ser más específico? Organización de grupos, organización de luchas...

—Primero, tratar de crear los grupos, los comités del movimiento en distintas partes del país, y esto lleva a entrar en contacto con gente en diferentes estados, diferentes ciudades, diferentes regiones, hablar con ellos y pedirles que se constituyan como parte del MLN, o donde había ya organización buscar que se ampliara, buscar que se diversificaran, meterlos a la dinámica de lo que es organización y crecimiento.

—¿Recuerdas en particular alguna de las experiencias de este año de trabajo?

—Sí, desde luego recuerdo dónde teníamos más respuesta y concentraciones importantes: en La Laguna, en la zona del Yaqui, en Baja California, allá se incorpora Braulio Maldonado, que había sido gobernador poco tiempo antes. En aquella época, un líder que tenía fuerza local era Alfonso Garzón. A raíz del movimiento también, o al amparo, o como producto de las fuerzas que pone en marcha el MLN, surge la Central Campesina Independiente, ahí están Garzón y Danzós, hay una serie de dirigentes independientes que también confluyen, trabajan juntos por un tiempo hasta que por fin unos mantienen una línea independiente, otros se acercan más a las posiciones oficiales, como en el caso de Garzón.

—¿Nunca tuviste que salir corriendo de ningún lugar por presiones policiacas durante el trabajo de organización del MLN ?

—Nunca. No, nunca.

—En esos momentos se produce la invasión a Cuba y se produce el deslinde de tu padre frente a la agresión y la concentración de estudiantes universitarios en CU para formar una brigada, etcétera. Debe haber sido un gran impacto porque sucede en el momento en el que está arrancando el trabajo organizacional del MLN, ¿no?

—Todavía no arrancaba el trabajo del MLN, aunque estaba recién transcurrida la Conferencia Latinoamericana. Yo, por cierto, acompañé en esos días a Alonso Aguilar a Nueva Delhi a una reunión del Movimiento de la Paz, a donde él llevó la representación de mi padre. Regresamos, yo me detuve unos días en París, donde estaban estudiando como becarios, por cierto, César Buenrostro, Lucas de la Garza, que años después sería candidato del PRD a gobernador de Nuevo León y ahora es Secretario de Organización, y ahí, en un periódico, cuando llegaba a a buscarlos a la Casa de México, me encuentro con una fotografía en que mi padre estaba subido en el toldo de un automóvil, haciendo un discurso y donde se daba el anuncio de que él estaba por salir a Cuba y empiezo ahí mismo a ver cómo puedo regresar lo más pronto posible a México. Fue cuando él, por cierto, no encontró manera de salir del país ni en avión de línea, porque estaban suspendidos los vuelos, ni siquiera en avión privado.

—En ese momento todo te sonaba rarísimo, tu padre arriba del coche...

—Sí, a mí no me tocó estar en esos momentos.

—¿Tú llegas poco después a México?

—Yo llego, no sé, seguramente a los dos días.

—Cuando ya la invasión ha sido derrotada y empieza a estabilizarse el asunto.

—Sí, pero, en fin, llego justo cuando acaba de pasar esto, y es después propiamente que empieza a darse el trabajo de organización del MLN.

—Muy bajo los aires de esta situación.

—Claro, desde luego. La Revolución Cubana cobra más presencia entonces, no sólo en México, sino en América Latina.

—¿Tú viajas a Cuba en estos años, en los años sesenta?

—Yo acompañé a mi padre en el 59 al primer aniversario del 26 de julio que celebra la Revolución, cuando tenían en el poder apenas seis meses, estaba en marcha la reforma agraria, lo acompañé a la Habana, estuvo unos cuatro o cinco días. Después yo estuve en el 60, de paso por unos días también y de hecho ya no regresé si no hasta el 75.

—¿Que impacto te causó este primer reflejo de la Revolución Cubana?

—Estaba en efervescencia todo, cuando fuimos en el 59 estaban impulsando, es decir, se estaban dando los primeros pasos de la reforma agraria. En el primer 26 de julio que ellos celebran, éste era el gran tema y era la llegada de los campesinos a La Habana, es decir, que la ciudad acogía a los campesinos que estaban lanzados en un proceso de impulso a la reforma agraria; además había mucho entusiasmo por la Revolución, estaban, de hecho, celebrando el triunfo, tenían muy pocos meses; se sentía mucho entusiasmo; por una parte y por otra se veía un poco de desorden o de descuido. La gente estaba muy contenta por el triunfo, por los cambios, La Habana tenía mucho movimiento, mucha vida.

—El Ché, ¿viste al Ché?

—Lo vi seguramente, pero no lo recuerdo. Recuerdo a Raúl, que fue la persona que estuvo a recibir a mi padre en el aeropuerto, recuerdo a Fidel, porque me tocó justamente en el mitin del 26 de julio estar sentado junto a él; estaba mi padre de un lado y yo del otro, así quedamos, no sé por qué razón y, bueno, era muy atractivo estar viendo las reacciones de Fidel en ese momento, muy interesante. Estaba realmente muy contento de ver cómo llegaba gente, las respuestas que estaban teniendo quienes hablaban en ese momento, principalmente de la reforma agraria y evidentemente de lo que fue la Revolución.

—¿Te sorprendió la declaración de socialismo por parte de la dirigencia de la revolución cubana?

—Fue la forma como les fueron cerrando caminos, como empezaron las agresiones en contra, la no venta de armas, todo lo que conocemos y que les fue cerrando un camino. Hay que recordar que una de las primeras visitas de Fidel es a Estados Unidos.

—En algún momento, frente esta expresión de júbilo popular, de avance social, de reconquistas sociales, ¿te sentiste próximo al ideario de la Revolución Cubana? No te acabo de ver en esos años, no acabo de ver quién eras. Se ve claramente la influencia de tu padre, la ideología de la Revolución Mexicana, muy bien, pero son como un material primario, no acabo de ver cómo pensabas entonces, dónde andabas.

—Eran años donde era muy evidente y muy violenta la intervención de Estados Unidos, los años de

43

Guatemala, los años de Somoza, de Trujillo; evidentemente los jóvenes de esa época estábamos en contra de esas dictaduras, estábamos en contra de la intervención reiterada de Estados Unidos en la vida de los países Latinoamericanos. En México estaban mucho más cercanas las transformaciones de la Revolución, la reforma agraria, las desviaciones a la reforma agraria, cómo se estaba desvirtuando toda una idea y de hecho toda una posibilidad de transformación, era muy claro también cómo se estaba golpeando al movimiento sindical, porque eran también agresiones en buena medida más burdas, más directas y todavía había gentes que habían vivido muchos de los acontecimientos importantes, no tanto de la vida revolucionaria, sino de la vida post revolucionaria, de la organización de las grandes centrales, de la propia CTM y gente que había dejado esas organizaciones, la CNC, etcétera, porque se estaban dando desvíos fuertes internos y también se veían muchos esfuerzos internos en el propio aparato del gobierno, por recuperar un camino, por retomar un desarrollo; es decir, se veía todavía viable la posibilidad de recomponer el movimiento revolucionario desde adentro.

—Lo percibías como un momento en que había que abandonar viejos esquemas en la búsqueda del cambio social?

—Sí, en cierto modo sí. Eran épocas en que muchos buscaban terceras posiciones. Fue parte de una forma de ver las cosas en América Latina. Justamente en esos años, desde luego, la gente con quienes yo convivía, que hablábamos de cosas políticas, no nos veíamos como miembros del partido oficial. Nunca hubo una propuesta de formarnos dentro un partido político. El Partido Popular, el Partido Comunista, otros partidos que nacían y se deshacían, en realidad

44

involucraron a final de cuentas, a muy poca gente, aunque puedan haber tenido mucha influencia en otros sentidos nunca fueron organizaciones grandes, organizaciones de masas, fueron, finalmente grupos de cuadros, más que otra cosa, si de algún modo les podemos llamar y desde luego con quienes yo convivía en esa época, no nos veíamos como miembros de un partido. Hablábamos de la necesidad de recuperar un camino, hablábamos de la integración latinoamericana, hablábamos de otras cosas.

—Volvamos sobre el MLN.

Se escuchan risa en la grabación. Luego mi voz de nuevo que se disculpa.

—Alguien tiene que darle orden a las entrevistas. Volvamos sobre el MLN. Trabajo de organización; La Laguna, Baja California, va creciendo. La magnitud de lo que se estaba logrando en términos cuantitativos y la perspectiva, para qué podía servir este aparato que se estaba creando, ¿como lo veían ustedes entonces?

—Principalmente para avanzar en lo que pudiéramos llamar el terreno de independencia económica. Más que otra cosa. En México, nos parecía esencial defender la utilización del petróleo para empujar el crecimiento independiente. El que otras industrias con fuerte presencia de inversión extranjera pudieran ponerse al servicio del desarrollo nacional. No podemos perder de vista que en América Latina y en México, todo el movimiento nacionalista era un movimiento antiimperialista. La presencia del imperialismo estaba muy clara, más clara en aquella época que en ésta, no porque ahora no esté presente, sino porque era mucho más claro. Hablo en la conciencia general, de la percepción de la gente común y corriente. Y, desde luego, se pensaba que el gobierno en

México también tenía posibilidades de hacer las cosas bien. Fue principalmente una lucha en el terreno de la independencia económica y de recuperar el proyecto de cambio, ¿hacia dónde? Por ejemplo en la reforma agraria. Más en el terreno agrario que en la parte sindical, donde ya eran evidentes la colusión y la integración de la cúpula sindical con el gobierno y, desde luego con líneas antiobreras y antisindicales, donde ya era muy clara la corrupción de los principales dirigentes obreros, ya era dirigente de la CTM Fidel Velázquez.

—El trabajo de organización se produce entre 62...

—Se produce en 61, 62; yo estoy a cargo de esta tarea hasta finales de 62. De hecho en 62 habíamos terminado los estudios del río Balsas y no hice ningún trabajo de tipo profesional, sino que contribuí con el movimiento. Y en 63 me incorporo ya a lo que era la Comisión del Balsas. Sigo haciendo algo de organización en el MLN, pero coincide con un cambio en la dirección del movimiento, y ya no quedo en el comité ejecutivo. Pedí separarme. Quedé como director de estudios de la comisión del Balsas, empezamos a preparar el proyecto, para ejecutar parte de lo que se había estado estudiando.

—¿A pesar de la separación te quedaban esperanzas políticas?

—No sólo a mí. Había mucha gente que se había formado en la Revolución, mucha gente pensando que podían recuperar en alguna forma, o empujar para que se recuperara un camino.

—A pesar del sexenio alemanista, a pesar de Ruiz Cortines...

—A pesar de todo.

—Y había diez años de pérdida, de retroceso, de

violento retroceso. Por eso era tan importante tu contacto a través del Balsas, porque entre los grupos "pensantes", nadie había oído hablar jamas del Balsas.

—Te diría una cosa: las regiones donde tuvimos una buena presencia a través del movimiento de liberación, son las regiones a las que primero acudimos como corriente democrática en 86-87.

—Esta relativa separación del Movimiento de Liberación Nacional para incorporarte de pleno a la Comisión del Río Balsas, ¿involucra alguna diferencia en la percepción política con respecto a la nueva dirección, o es una decisión personal?

—Es una decisión en dos terrenos: uno, el que otros debían asumir la responsabilidad. Si el movimiento iba renovar su dirección, otros serían los que asumieran su responsabilidad, es decir, no reelección. Y por otro lado la necesidad también de hacer trabajo profesional. Yo estaba pensando en casarme, tareas profesionales, y bueno, eso iba a requerir dedicar el tiempo a otras cosas, poner atención en otras cuestiones. Me caso en abril del 63.

—¿Te casas en Morelia?

—Aquí en México.

—¿Dónde conociste a tu mujer, aquí en la ciudad de México?

—Aquí en México, en casa de una prima que era su compañera de escuela, en una fiesta, me fui a asomar ahí con algunos amigos...

—Ella viene de una familia...

—Ella es hija de portugués y de española; nació en Lisboa y llegó aquí de tres o cuatro años, o sea que se hizo aquí, se formó aquí.

—¿Fumabas entonces?

—Nunca.

—Chin, ¿ya ves?, me estropeaste la imagen; ya te había imaginado fumando mientras veías el Balsas. Cuesta un trabajo enorme encontrarte elementos que rompan la visión de serio...

Risas, barullo, murmullos, fin de la cinta.

IV. Las Truchas, el Senado, la gobernatura de Michoacán

Cuauhtémoc recuerda:

—En 1964 se realizaron dos proyectos grandes para construir dos presas en la cuenca del Balsas, una sobre el propio río Balsas, en un sitio llamado La Villita, cercano a lo que hoy es Lázaro Cárdenas, y otra en la tierra caliente de Guerrero, cerca de Arcelia. Una mañana platicando con mi padre en la oficina de la Comisión de la que yo era director de estudios, me planteó la posibilidad de que yo me hiciera cargo de la residencia de construcción de la presa de La Villita.

Le dije que sí, que aceptaba y me iba como ingeniero residente. En abril o mayo nos movimos a lo que es actualmente Lázaro Cárdenas que era entonces una población de unos 2500 habitantes, sin luz, con acceso por brecha o gracias a que tenía una pequeña pista para avionetas, llamada Melchor Ocampo del Balsas. A los pocos meses llegó Celeste con Lázaro, que había nacido en abril del 64.

Fue una experiencia enriquecedora, porque no se trataba nada más de cuestiones técnicas, sino del trato con la gente, con los dos o tres mil obreros. La construccción de la presa implicaba una serie de obras, una cortina de tierra, túneles, caminos, campamentos de construcción, casas, etc. Se trataba de una presa de usos múltiples, riego, energía eléctrica, paso de carretera y de ferrocarril para comunicar Guerrero con Michoacán.

A mediados del 69 se decidió la puesta en marcha del proyecto siderúrgico de Las Truchas, que tendría que disponer de la energía eléctrica generada en La Villita. El proyecto regional, entonces, consideraba en un plazo medio construir ahí mismo una siderúrgica.

En octubre del 70 murió mi padre. Fue un golpe en todo sentido muy fuerte.

—¿Pensaste en ese momento en cubrir el hueco político que tu padre dejaba?

—No. En primer lugar, no era un hueco, ni político ni de otro tipo, allenarse por nadie. Tampoco contemplaba entonces una participación política de carácter electoral.

Cuauhtémoc se detiene, se queda pensando. Durante unos segundos la entrevista se frena, se diluye.

—Decías de Las Truchas...

—El proyecto de Las Truchas avanzó muy rápido, no sin presiones en contra de funcionarios o de los empresarios de otras siderúrgicas. Se puso en marcha a mediados del año 71 y hacia el 76 estaba construida su primera etapa. Trabajé no sólo en la siderúrgica, también en el desarrrollo urbano que la completaba, en la población que había que construir en torno a ella. A partir de 1972 tuve varios desacuerdos serios con Adolfo Orive Alba, que era el director, porque no me parecía la forma como se estaba manejando el proyecto, como se manejaban los contratos. A mediado del 72 pedí por tanto a Echeverría que se me relevara del cargo. No quiso. Dejé entonces de cobrar en Truchas y trabajé solo en el fideicomiso urbano. En el 74 hubo más problemas y presenté mi renuncia. Se actuaba con favoritismos. No quería ser responsable de situaciones que no controlaba. No tenía elementos para comprobar malos manejos, pero me parecían turbias muchas situaciones.

En esos años se preparaba ya el cambio de gobierno en Michoacán. Algunos amigos me estimularon para que participara. Echeverría había dicho públicamente, en varias ocasiones, que se mantendría un juego limpio y que se respetaría a los candidatos electos de forma democrática en el partido.

Yo le tomé la palabra, recorrí el estado, hablé con gente, busqué la candidatura. En el curso del 74, Reyes Heroles, que era presidente del PRI, convocó a todos los candidatos en Vista Hermosa supuestamente para hacer consenso, pero a los pocos días vino la designación como candidato del PRI de Carlos Torres Manzo. Lancé un manifiesto público diciendo que el presidente había faltado a su palabra.

—Un momento, ibas a ser candidato del PRI, ¿cuándo te habías afiliado al partido?

Cuauhtémoc sonríe.

—Formalmente nunca. Aunque en el 66 nos habían invitado a un seminario de la CNC sobre problemas agrarios. Asistimos ponentes con diversas ideas como Leonel Durán, Ifigenia Martínez, Rodolfo Stavenhagen, Janitzio Múgica. Después de esa reunión, el secretario general de la CNC, Amador Hernández y Augusto Gómez Villanueva, que era el secretario de organización, nos invitaron a formar el consejo técnico de la central. Poco después se formalizó. Se me propuso para presidente. Trabajé entonces dentro de la CNC. Esto se prolongó hasta el 68. Por ahí de julio, cuando se inciaba por cierto el movimiento estudiantil, se produjeron ataques contra mi persona y decidí renunciar.

51

—¿Te dieron credencial del PRI? ¿Te afiliaste formalmente?

—Nunca llené un formulario, nunca me dieron credencial. Pero estaba implícito que si eras parte de la CNC eras parte integrante del PRI. Luego incluso colaboré con Echeverría en su campaña, con un estudio sobre el desarrollo de los ríos del sureste.

—No nos podemos brincar el movimiento de 68...

—Lo vi desde fuera, desde lejos. Era un ex universitario, estaba en Michoacán y en julio y agosto estuve fuera del país en un par de congresos en Europa. Lo viví con miles de preocupaciones que se agravaron cuando vimos las agresiones violentas contra la UNAM. El dos de octubre estaba con mi padre en esta misma casa, recién llegado de Europa, cuando aparecieron por aquí amigos que venían de Tlatelolco, Luis Prieto, entre ellos. La información que le daban era sumamente alarmante. Lo que se pudo saber en esos días estaba en en desacuerdo con las informaciones oficiales que pretendían culpar a los estudiantes. Parecía evidente que la responsabilidad directa del día dos mismo estuvo en manos del Estado Mayor Presidencial, sin que esto quite culpas a nadie por comisión o por omisión.

—Volvamos al 73, a tu candidatura como gobernador de Michoacán dentro del PRI, que no prosperó...

—Cuando vi que se cerraba la oportunidad convoqué a una reunión en Pátzcuaro y decidimos parar. La candidatura no era viable en otras condiciones. Sin embargo decidimos mantenernos en contacto. Sigo en el fideicomiso Lázaro Cárdenas, en la construcción de la ciudad. Conocía a López Portillo desde tiempo atrás y a él le había presentado mi renuncia a la Siderúrgica. En 1975 lo visito cuando lo nombran candidato. Cuando recorre Michoacán en los primeros meses de enero del 76, me plantea la posibilidad de ser senador. Yo le digo que prefiero trabajar en el área administrativa y me contesta que resultaría conveniente que tuviera una experiencia electoral.

—No hay mayor "dedo" que eso. Un candidato proponiéndote para senador, por arriba de toda nominación partidaria...

—Es cierto, no lo hay, pero vi la oportunidad de vincularme al estado, y tratar de ayudar a resolver problemas. Hice una campaña un tanto insólita para un candidato a senador en ese entonces, recorrí los 113 municipios, me metí en comunidades muy pequeñas.

—¿Una percepción de la maquinaria priísta a la que luego te tendrías que enfrentar...?

—No conté con mayores apoyos de la maquinaria priísta. Me estuvieron ayudando amigos, Con carros, una camioneta... un equipo muy pequeño de apoyo, que encabezó Javier Ovando. Hice una campaña poco habitual, porque los senadores se montaban en las campañas de los candidatos a diputados. Para mí, en aquel momento era una oportunidad de vincularme a Michoacán de una manera más completa. Yo entendía que esto formaba parte de la lucha que algunos estábamos dando dentro del aparato del estado, por cuestiones agrarias, por el cambio democrático.

—Tu paso por el senado...

—Estoy tres meses en el senado. Fue una época muy pasiva, la transición entre el último informe de Echeverría a la toma de posesión de López Portillo, donde prácticamente no hubo iniciativas de importancia. Unas días antes de iniciar su mandato, López Portillo me invita a ser subscretario Forestal y de la Fauna de la Secretaría de Agricultura. Ahí me paso tres años. Considero que se hizo una buena labor,

53

técnica y humana.

—¿Cómo llegaste a ser gobernador de Michoacán?

—Dentro de los esquemas usuales del régimen de partido de estado. Yo le planteo mi interés al presidente de la república, empiezo a reunirme con amigos y compañeros de Michoacán, para crear un clima en lo local, y finalmente me avisan que soy el candidato.

-¿Estabas derrotado para seguir otros caminos, el camino democrático, habías aprendido la lección del sistema?

—En aquel momento no veía otro camino. Estaba dando la lucha desde dentro. Yo seguía estableciendo disidencias dentro de los pequeños márgenes que podían tenerse. No veía opciones de trabajo político o partidario fuera del esquema estatal, sin desconocer a otras agrupaciones políticas. La oportunidad de llegar al gobierno de Michoacán, me daba opción a poder servir, abrir oportunidades dentro de los márgenes que pueda tener un gobierno estatal.

—De una manera resumida, ¿cuáles fueron tus principales problemas como gobernador?

—Sobre todo escasez de recursos para la dimensión de los problemas. Agua, caminos, electrificación, pozos para riego, para todo había muy, muy reducidos recursos, y teníamos necesidades por todos los municipios. De entrada se modificaron algunas dependencias, se creó una coordinación de programación, se crearon dos institutos, el Michoacano de Cultura y el del Deporte. En el terreno de la cultura, con las limitaciones del caso, considero se hizo un esfuerzo importante: se hizo un buen trabajo editorial, se trató de promover a los artistas michoacanos, confrontarlos con muestras y experiencias nacionales y extranjeras. Se organizó un festival internacional de poesía. Cuando íbamos por el segundo, la crisis del 82 nos obligó a hacer recortes de todo tipo y se canceló, bastante avanzada la organización, lo que nos produjo enfrentamientos con el medio intelectual. Se hizo la restauración del Conservatorio de las Rosas, se creó el Museo de Historia de Michoacán y en la medida de lo posible se trataron de impulsar acciones de fomento artístico y cultural. Por otro lado tuve un acercamiento muy estrecho con el estado al recorrer continuamente pueblos y rancherías, para supervisar los programas de obras públicas, para tratar de atender problemas de manera directa. Y así se me fueron seis años.

—¿Qué con la Ley Seca? Porque se dice que no hay manera mejor de estimular el consumo del alcohol que prohibirlo.

Cárdenas salta en la respuesta.

—No fue una ley seca. Fue la aplicación del código sanitario federal, que establece que la venta de licores debe suspenderse el sábado a mediodía y reanudarse el lunes en la mañana. Dejaba fuera restaurantes y establecimientos turísticos... Tuvo éxito en la medida en que las autoridades municipales cooperaban con ésta. La intención era buscar una cierta defensa del ingreso familiar y evitar delitos y violencia derivada del consumo en exceso del alcohol. Cuando llegué al gobierno, se pagaba, y tuve en mis manos los recibos, por concepto de "disimulo", para que la autoridad municipal se hiciera la disimulada y se pudiera vender licor. También dejamos de pedir permiso a la secretaría de gobernación para que hubiera peleas de gallos en las ferias municipales. Al calor del consumo del alcohol había en los palenques racimos de muertos. Con estas medidas simples bajaron la delincuencia y las balaceras.

—Estas dos prohibiciones te han hecho fama de puritano.

—No hay nada de eso. Nada más que no fumo. Todavía tendrías otra, la reforma al código penal apoyándolo en la legislación federal y en convenios internacionales suscritos por México, para penalizar el lenocinio, no la prostitución, ojo. Esto nos llevó a cerrar las zonas de tolerancia en muchos municipios del estado. El alcohol hacía que se desarrollaran crímenes y reyertas. El típico crimen de cuarenta puñaladas. Al ayuntamiento le costaba poner policías para cuidar la seguridad y lo que ingresaba por los permisos no daba para pagarlos. Fomentaban la corrupción. Además considero que era una medida humanamente correcta. No es válido que nadie explote a nadie, independientemente de la decisión que pueda tomar de hacer de su cuerpo el uso que quiera.

Finalmente uno llega a la conclusión de que se trataba de paliativos, de que estas son cuestiones que no se van a corregir ni por medidas de policía ni por medidas sanitarias, las cuales no hacen sino extorsionar a quienes se dedican a la prostitución. No se resolverá a menos que se de un cambio en las condiciones sociales generales.

—¿Cómo enfrentaste la corrupción en el gobierno de Michoacán?

—Lo primero fue llegar con gente que por sus antecedentes fuera confiable para el manejo de los recursos públicos. Cuando se nos llegaron a presentar casos en los que se demostró la participación de algún funcionario, se le instruyó a la procuraduría que aplicara la ley. No fue frecuente, afortunadamente. Recuerdo el caso de tres diputados que vendían vehículos chuecos y que fueron desaforados al comprobarse su culpabilidad y pasaron varios años en la cárcel. Pero la batalla contra la corrupción depende mucho del marco político general. En el caso de las elecciones yo busqué que se crearan las condiciones para una elección abierta. Yo no designé a los candidatos a presidentes municipales. En los dos trienios tuvimos ayuntamientos de oposición. En el primero el PAN ganó Zacapu y en el segundo Uruapan y Zamora. Y tuvimos lo que no es frecuente estando del lado del gobierno, cinco a seis ayuntamientos independientes, que ganaron con los electores votando en el círculo blanco. Planillas jugando por la libre. Y se respetó el triunfo. El trato fue parejo para todos. Un clima así ayuda a combatir la corrupción.

—¿Tienes alguna deuda pendiente con Michoacán que te propongas cubrir en el futuro?

—En ese sentido hay deudas pendientes por todos lados. No sólo allí. Tendría mucho interés en impulsar varios programas pendientes en Michoacán, crear ocupación industrial, un programa serio de industrialización, ir por el despegue industrial que le hace tanta falta al estado, un programa de nuevos sistemas de riego, mejoramiento de suelos, todas la deuda rezagada con las comunidades indígenas. En suma, cubrir una deuda que viene arrastrándose de generaciones en generaciones durante siglos. Pero habría que verlo en relación a la totalidad del país.

V. El nacimiento de la disidencia

Nos hemos puesto de acuerdo en darle tiempo a esta entrevista, en seguir los detalles, en darle nombre a los protagonistas. Está lloviendo en el patio, Cárdenas juega con sus lentes.

—Hacía mediados del 86, precisamente en el mes de mayo, si mal no recuerdo, se celebró la XII Asamblea Nacional del PRI. No recuerdo que se haya tratado nada importante ahí, pero a la salida, coincido, buscando ambos nuestro carro, con Porfirio Muñoz Ledo, y lo que siempre dice uno en estos casos: "te llamo", "te llamo", nos despedimos, pero dio la casualidad de que esta vez sí nos llamamos.

—¿Que impresión tenías de Porfirio previamente?

—Lo conocía de la universidad, poco, muy de lejos; yo estaba en Ingeniería, él en Derecho. Supe de él cuando anduvo en la sociedad de alumnos, de la que ganó la presidencia en el 54, poco después de un movimiento universitario muy importante. Fue el primero en que yo participé, por cierto, las protestas que aquí hubo por la intervención americana en Guatemala. Por esas fechas lo conocí, después en algún momento...

Suenan tres bip-bip de la alarma de un reloj, un sonido inusual que provoca un titubeo en Cárdenas. No es el suyo.

—... nos encontramos en París ya en el 57-58, pe-

59

ro en realidad nunca tuvimos un mayor acercamiento, ni cultivamos una amistad, creo que los dos sabíamos uno del otro, más o menos por donde andábamos, pero siguiéndonos muy de lejos, yo me lo volví a encontrar, cuando él estaba en la Secretaría del Trabajo en el gobierno de Echeverría, seguramente en alguna gira o en algunos actos a los que a mí me tocó ir, coincidimos y repito, siempre viéndonos con cordialidad, pero sin profundizar mayormente la amistad, desde luego cuando él asumió la presidencia del PRI y yo fui candidato a senador. Me invito el licenciado López Portillo cuando visitó Michoacán, debe haber sido en enero del 76, a que eventualmente pudiera yo ser candidato, y cuando finalmente lo fui, tuve que tratar algunas cosas con Porfirio, que era el presidente del partido, lo vi ocasionalmente, tampoco trabamos una amistad, después tuvimos encuentros, y fue hasta mayo del 86 cuando decidimos, es decir, los dos nos planteamos buscarnos. Y finalmente, lo hicimos.

—¿Quién llamó a quién?

—Yo creo que fui el que lo llamé, pero estábamos en lo mismo.

La grabadora recoge una risa, creo que es mía. Cárdenas continúa.

—Nos llamamos los dos en esos días y estando yo en Michoacán, en el gobierno todavía, quedamos en una fecha. Vine a la ciudad de México y comimos juntos en La Cava. Él hacía algunos meses que había dejado la embajada en Naciones Unidas, estaba, recuerdo bien, preparando un trabajo, sobre cuestiones de educación para UNESCO, yo estaba en el gobierno de Michoacán y estuvimos charlando sobre cómo veíamos el país, nos planteamos nuestras inquietudes, inquietudes que compartimos, sobre el deterioro de la situación económica, el deterioro de los niveles de vida, el abandono de una línea revolucionaria… y en el curso de la plática nos planteamos: ¿por qué no compartimos estas ideas con algunos otros amigos? Dimos algunos nombres. Yo mencioné, si mal no recuerdo, a Leonel Durán, a César Buenrostro; él mencionó a Ifigenia, a alguna otra gente. Y dijo Porfirio: "Bueno, ¿por qué no nos reunimos en casa de Ifigenia? Yo estoy seguro que ella nos invita". Él estaba recién llegado de Nueva York, yo creo que todavía andaba medio instalándose o reinstalándose en su casa y efectivamente nos reunimos después en casa de Ifigenia.

—¿Tu tenías alguna predisposición hacía esa reunión?

—No, en realidad, no, este…

—¿Realmente no? ¿De veras era sólo charlar con algunas gentes con las que había ciertas opiniones, o estabas pensando..?

—No, es decir, pensábamos que de ahí pudiera surgir algo, que pudiéramos hacer algo juntos, quienes compartíamos estas inquietudes. En esa reunión, que fue en casa de Ifigenia, estuvieron, aparte de los que te mencioné (Leonel Durán y César Buenrostro) Carlos Tello, Rodolfo González Guevara, que era en esos momentos embajador en España y pasaba por México unos días, Gonzalo Martínez Corbalá, y, no estaría muy seguro, creo que Armando Labra.

—Una docena de personas.

—Si unas doce personas efectivamente. Estuvimos charlando de lo mismo, de como veíamos las cosas, de inquietudes que teníamos, de la necesidad de hacer un planteamiento al interior del PRI, para que pudiera reorientar algunas de sus políticas: la política económica, que veíamos ya muy cargada a favorecer un grupo. Veíamos como se estaban deteriorando los niveles de vida, cómo se estaba acentuando la dependencia. Eran días de inflación alta, en fin, que había una serie de problemas que no podían finalmente ajustarse o resolverse por parte del gobierno de De la Madrid. Planteábamos también la necesidad de que el partido cumpliera con sus estatutos y con el espíritu de sus estatutos, en lo que hace a la selección de candidatos, es decir, que no fueran seleccionados por voluntad presidencial, en este caso por el presidente en turno, por De la Madrid, sino que se pudiera ir a una campaña interna, con precandidatos, con propuestas, de modo que la decisión fuera tomada, habría que pensar cómo, de manera democrática, por la gente misma del partido.

—¿Tu dirías que en esa reunión las preocupaciones fundamentales fueron más las económicas, que las relativas a la democracia interna dentro del PRI? Por el tiempo que se vivía…

—Fue más lo político que lo económico, pero, desde luego, viendo que era indispensable corregir en los dos terrenos. Ahí, en esa ocasión estuvimos incluso hablando de cómo poder hacer las cosas dentro del partido, de cómo plantear las cosas. Se habló de una candidatura presidencial, el licenciado González Guevara, habló de que quizá para reorientar las cosas y para forzar las cosas, fuese necesaria una "candidatura de sacrificio" (le llamó él), que no llegara. En el curso de la plática, dijo: "Bueno, usted debe ser el candidato". Yo le dije: "No, el candidato debe ser usted, usted tiene mucho más trayectoria como funcionario del partido y como hombre del propio partido, no sólo del sistema, si no del partido, y creemos (esto lo compartíamos varios), que usted es el que debe ser el candidato, en estas condiciones, eventualmente, no necesariamente un candidato de sacrificio y vamos a buscar qué tanto se puede abrir". Después de esa plática, el licenciado González Guevara tenía necesidad de ir a Houston, si mal no recuerdo, una cuestión de salud, y quedamos de vernos nuevamente a su regreso. Fueron las dos únicas ocasiones en que nos reunimos, con él y un grupo un poco más amplio. Esta segunda reunión se efectuó en casa de Martínez Corbalá, ahí estuvo, aparte de los mismos que habíamos estado en la primera ocasión, Horacio Flores de la Peña, que dijo que él no se metería en nada, que él estaba más de salida de la cuestión política que otra cosa, estuvo Augusto Gómez Villanueva, que sólo se quedó un rato y que también planteó no adquirir ningún compromiso, Silvia Hernández, Eduardo Andrade, Severo López Mestre. No recuerdo quiénes, pero hubo unas cuantas personas más.

Me resulta fascinante este repaso de nombres, muchos de los cuales se muestran como tímidos reformadores, dispuestos a huir a la primera oportunidad de algo que puede calentarse. Horrorizados ante de la perspectiva de ser desheredados por el aparato.

—¿Recuerdas alguien que se haya invitado y no haya querido asistir?

—No, realmente no.

—¿Quiénes estaban promoviendo la invitación para estas reuniones?

—Porfirio, Ifigenia, yo. Le hablábamos a distintas personas. A alguna reunión asistió Janitzio Múgica, creo que desde la primera reunión estuvo él y estuvo en la otra también.

—Seguimos hablando de unas quince personas.

—Quince, dieciocho quizá, en la segunda ocasión, Después, esto ya debe haber sido principios de julio,

63

una cosa así, seguimos charlando, seguimos previendo cuándo reunirnos y de repente, creo que por mediados de agosto, el *Unomásuno* o algún otro periódico sacó la noticia de que nos estábamos reuniéndonos para lanzar una corriente al interior del PRI. Hubo después unas declaraciones de Porfirio. A mí me tocó acompañar hacia finales de agosto a Héctor Hugo Olivares, que estaba en la CNC en esa época, hizo alguna visita a Michoacán y en Jiquilpan me abordaron los periodistas y ahí yo hice declaraciones. Todavía estaba yo en el gobierno de Michoacán. Y en estas dos entrevistas hicimos planteamientos más concretos en torno a nuestras preocupaciones y a partir de ahí, los periódicos nos empezaron a llamar Corriente Democrática, Corriente Democratizadora, y se nos quedó el nombre...

—Una pregunta: La información aparecida en ese diario, ¿fue filtrada por ustedes o tuvo otros orígenes? ¿Cuál fue tu impresión cuando la leíste por primera vez?

—No sabía de dónde había salido la información, porque, desde luego que de mí o de quienes podían estar más cerca, no salió, yo creo que fue una información, no filtrada, sino quizá obtenida a partir de alguna plática de Porfirio, que se esperaba no trascendiera y finalmente trascendió. Y bueno, al final de cuentas y cuando lo vimos publicado, quizá no estuvo mal que fuera así.

—Entonces, de repente, se encuentran ustedes con que de la noche a la mañana han pasado de ser un grupo de amigos discutiendo, a una Corriente...

—Estábamos a la vista.

—A la vista. ¿Algún tipo de comunicación al grupo de ustedes de parte de sectores del PRI o sectores del gobierno?

—Nos planteamos reunirnos nuevamente. Ya a partir de ahí tuvimos muchas reuniones, ya sería difícil saber cuántas y dónde, muchas de ellas aquí mismo (*el despacho que tiene en la casa de su madre en Las Lomas*), sobre todo después del 15 de septiembre en que terminó mi periodo en el gobierno de Michoacán, ya estuve yo aquí en México y tuvimos reuniones regulares, hablamos con quien era presidente del partido, con Adolfo Lugo, hablamos con Miguel de la Madrid, presidente en ese momento, yo lo vi en esos días, lo fui a saludar, ya en los últimos días de gobierno en Michoacán, lo vi después nuevamente a los pocos días de haber dejado el gobierno y en ambas ocasiones hablamos de lo que se estaba ya denominando como la Corriente Democrática, fundamentalmente de nuestras preocupaciones, Porfirio lo hizo por su lado también y a los dos nos dijo que buscáramos al presidente del partido, que habláramos con él, que seguramente encontraríamos la forma de expresarnos, de participar, de buscar cómo ir abriendo camino a nuestros planteamientos, hablamos en varias ocasiones con Adolfo Lugo.

—Antes de Lugo, De la Madrid, ¿te dio la impresión que te estaba dando con el capote o verdaderamente estaba señalando que era viable la transformación del sistema del dedo en un sistema de competencia abierta?

—No, quizá señalaba que algunas transformaciones pudieran ser posibles, sin decir cuales, si en el terreno económico o en el terreno político, pero dejando abierta la posibilidad de que se hiciera un trabajo en el partido y si ahí se iba caminando, él no sería la persona que necesariamente se opusiera a un cambio. Él evidentemente estaba consciente del deterioro social, estaba consciente de cómo se habían caído los niveles de vida, los problemas que vivía la economía, en fin, inflación, déficit, endeudamiento, esto lo estaba viviendo él de manera intensa y todos los días. Hablamos con él, te digo, en estos términos, cordiales, yo con él tuve siempre una relación cordial dentro de ser una relación muy formal, como funcionarios nada más, nunca una relación más cercana, nunca una posibilidad, ni búsqueda por parte de ninguno de los dos, de un mayor acercamiento.

—¿Cuál era tu impresión personal, dentro del corazón y sin que lo dijeras, qué estabas pensando: "este hombre nos va a abrir la puerta o va a abrir la puerta hacia un proceso de selección democrática dentro del PRI", o "este hombre simplemente nos sonríe para tenernos contentos"?

—Quizá se pueda abrir, quizá podamos, pensaba, si generamos un movimiento de importancia, lograr que se abran algunas puertas y quizá él acepte que se abran estas puertas. Esto fue al principio, conforme avanzó el tiempo, desde luego, vimos cuál era la actitud y cuáles eran las intenciones.

—Lugo...

—Hablamos varias veces, yo hablé solo con él, otros compañeros hablaron solos con él, hablamos en grupo, es decir en grupo de seis, de ocho; en más de una ocasión desayunamos o comimos con él en las oficinas del PRI, hablándole siempre de nuestras inquietudes. Siempre nos dijo que se abrirían las posibilidades, que fuéramos viendo cómo, que qué se nos ocurría, que por dónde queríamos trabajar en el partido; pero nunca se precisó el cuando, es decir, nunca aterrizamos y al poco tiempo... bueno, antes de esto, tuvimos una reunión con él en mi casa, en el departamento donde yo vivo, todos los miembros de la hasta ese momento Corriente Democrática, fue una charla larga, de las siete, ocho de la noche, hasta la una de la mañana por lo menos, donde estuvimos cambiando impresiones sobre las cuestiones que nos interesaban y le expresamos nuestro deseo de trabajar al interior del partido, como miembros del partido, buscando que se abrieran oportunidades para hacer nuestros planteamientos, tanto en torno a las cuestiones políticas, como económicas.

—¿Ustedes planteaban ya en esos momentos que a la asamblea partidaria que elegiría al candidato, se llegara con precandidaturas múltiples, se pensaba ya en esta...?

—Lo estábamos planteando.

—¿Explícitamente?

—Explícitamente, porque además no era una propuesta nueva, yo, por ejemplo, hice un planteamiento en ese terreno, en torno a estas cuestiones, en el 75, en un aniversario del nacimiento de mi padre, en Jiquilpan, frente a Echeverría, hablé de eso, hablé en ese momento de la inversión extranjera. No le gusto a Echeverría. Mandó a Augusto Gómez Villanueva, que era secretario de Reforma Agraria a contestarme, en forma bastante fuerte en aquel momento... para estar los dos del mismo lado, resultaba...

—¿La reunión con Lugo cuándo fue?

—La reunión con Lugo, debe haber sido, si mal no recuerdo, el treinta de septiembre, porque al día siguiente dimos a conocer nuestro primer documento de trabajo, el "Documento de trabajo número 1" de la corriente democrática.

—¿Ustedes ya le habían advertido que seguirían avanzando?

—Le advertimos que seguiríamos avanzando, hablamos cuatro, cinco horas con él, le anunciamos que íbamos a dar a conocer un documento. Cuando él se despidió dijo: "Bueno, no tengo ninguna objeción para que den a conocer el documento". Creo que incluso se lo mostramos o le dijimos los temas y el tono en el que iba, él, repito, no puso mayor objeción a esto, sí advirtió que quizá las cosas tuvieran que ir despacio, que no nos precipitáramos, etcétera, cuando se despidió, nos quedamos todavía charlando los demás. En ese momento, recuerdo por lo menos que dos personas, Gonzalo Martínez Corbalá y Silvia Hernández dijeron: "Nosotros hasta aquí llegamos, no creemos poder seguir, no estamos de acuerdo con que se dé a conocer un documento..." Algo así, no recuerdo qué fue exactamente lo que plantearon. Y hasta ahí llegaron ellos. Finalmente el documento lo firmamos diez personas.

—Sin embargo en la reunión previa con Lugo, no parecía que el documento fuera una ruptura, sino...

—Así es, sin embargo el documento era un documento que fijaba una posición, que apuntaba ya a un camino y desde luego había quienes estábamos dispuestos a seguirlo y quienes no estaban dispuestos a seguirlo.

—¿No había habido avisos, rumores, noticias, presiones de que, hasta ese momento...?

—No con nosotros, no creo que a ninguno de los que estábamos reuniéndonos. A los pocos días salía el primer documento, salió Lugo de la presidencia del partido, entró De la Vega y reiniciamos el mismo camino, reiniciamos pláticas, a veces en grupos chicos, reuniones con De la Vega en las oficinas del Partido, a comer, a desayunar y, pues lo mismo: "Se van a abrir oportunidades, dónde quieren, cómo quieren..." Y lo cierto es que nunca se abrían. En ese momento nosotros empezamos a salir. Y viajé a várias partes del país, Porfirio se encontró con gente de la universidad, empezamos a reunirnos con compañeros, a contarles lo que en ese momento ya era la Corriente Democrática a plantearles cuales eran los objetivos que nos estaban moviendo. Seguimos hablando en más o en menos con De la Vega, sin que se abriera nada.

—Sí, sí, sí, pero no decían cuándo. ¿Tenían ustedes en ese momento algún peso en la administración pública o sólo en el partido?

—Teníamos algunos compañeros en el aparato en ese momento. Leonel Durán era, si mal no recuerdo, subsecretario de cultura o acababa de dejar la subsecretaría y estaba a cargo del Instituto de Investigaciones Superiores de Antropología. Porfirio tenía muchos conocidos y amigos en los cuadros medios y altos de le administración, Ifigenia lo mismo, Armando Labra, en fin, sí veíamos que estábamos penetrando en sectores importantes de la burocracia y de la vida política oficial, pero era difícil pensar en un desprendimiento, puesto que nosotros mismos no nos estábamos planteando en ese momento ese desprendimiento.

—¿Y ustedes veían la llegada al poder de los jóvenes tecnócratas como herederos de De la Madrid?

—No, no se veía.

—¿No se veía en aquel momento, en el proceso de selección presidencial (¿cómo lo llamas de otra manera?) algún candidato claro por parte del presidente?

—No, y además no importaba. Nosotros lo que planteábamos era el procedimiento. No estábamos tratando ni de impulsar ni de cerrarle la puerta a nadie, sino de que el procedimiento fuera abierto, de confrontación interna, pero en sentido positivo. En fin, yo hablé todavía con De la Madrid, creo que en el mes de enero del 87, y le volví a manifestar las mismas inquietudes, me dijo que "habría oportunidades, vuelvan". Es decir, hablen con De la Vega, etcétera. De la Vega nos decía, de manera aparentemente muy comprensiva: "No. no se inquieten, vamos a avanzar, tienen razón, sólo que vamos a ver hasta dónde podemos llegar y qué tanto podemos saber". Yo hablé con De la Madrid hacia mediados de enero, Porfirio entiendo que lo había visto por esas mismas fechas, días antes días después, y lo que él nos dijo a uno y a otro fue siempre lo mismo: "Está bien lo que están haciendo, busquen la actividad dentro del partido, hablen con el presidente del partido", etcétera y así llegamos a la asamblea de marzo.

—Del 87…

—El 4 de marzo del 87 fue la 13a. asamblea, y ahí el discurso nos lo dedicó De la Vega, de manera muy agresiva. Ahí, este…

—¿Ustedes se lo esperaban?

—No. Realmente no creímos que se fueran a lanzar a un rompimiento. En esos mismos días, previos a la asamblea, es decir, previos al cierre de la asamblea, que fue el 4 de marzo, había habido una serie de mesas redondas donde yo leí un documento a nombre de los miembros de la Corriente Democrática, en el teatro Ferrocarrilero, haciendo el mismo planteamiento: la apertura del partido, el cumplimiento de los estatutos, el que hubiera campañas de proselitismo internas, etcétera, y ahí ya tenían armada una batería para contestarme. Me contestaron de manera bastante agresiva, no recuerdo el orden, Miguel Angel Barberena, Beatriz Paredes, César Augusto Santiago y alguna otra persona por ahí, pero por lo menos ellos tres.

—Lo curioso es que el sistema hasta ese momento había sido muy prudente, ¿por qué ahora presionaba para romper? Parecería el intento de disciplinar a la disidencia.

¿Qué explicación le encontrarías tu a esto?

—Yo creo que pensaron que iban, como dices entre comillas, a "disciplinarnos".

—Meter en el redil.

—No me acuerdo exactamente si antes o después de la asamblea... posiblemente después, y conforme las cosas iban subiendo de tono, porque empezamos a salir, yo fui a Tampico, a la Laguna, a Baja California, a Michoacán...

—Donde tú eras un ex gobernador...

—En Michoacán hicimos la presentación del segundo documento de la Corriente Democrática en una reunión de ochocientas, mil personas, y ahí se desató la persecución contra todos los que habían sido colaboradores míos, los echaron fuera de la administración, y a todos los que firmaron en apoyo a la Corriente Democrática, los lanzaron fuera del gobierno. Después de eso y ya en las propias reuniones que hacía el grupo que funcionaba como cabeza de la Corriente Democrática, me acuerdo, por ejemplo que Carlos Tello nos dijo: "Aquí estamos yendo a una colisión y yo no quiero ir a una colisión". Nosotros decíamos, no se trata sólo de cambiar la política económica, sobre todo hay que buscar democratizar el proceso de selección del candidato del partido oficial. Pero él dijo: "Vamos a una colisión y vamos a una colisión no con el sistema, sino con el presidente", y remató: "Yo hasta aquí llego".

—El candidato lo elige el presidente, esa es la regla no escrita de las dictaduras sexenales. ¿Ustedes hacían explícito que estaban en guerra con esa regla del sistema? ¿Decían: Nosotros estamos pidiendo que el candidato sea elegido por caminos democráticos,

71

que haya precampañas, que haya opciones enfrenta-
das, ergo, estamos atentando contra la tradición presidencial de elegir a su sucesor?

—Así es.

—Ustedes estaban explícitos en esto y lo decían en
sus documentos.

—Y claramente conscientes. En esos días hubo
una comida a la que a me invitaron, es decir, yo era
un poco el pretexto de la comida, a la que Don Manuel Moreno Sánchez invitó a mucha gente, en los
Barandales. Creo que fue después de la asamblea del
partido, no estoy muy seguro. Y en esa comida, a
donde estuvo entre otros, Carlos Tello, y a la que
asistieron más de doscientas personas, todavía ahí
llegó despistado Pedro Ojeda, como ustedes recorda-
rán, que dijo que no sabía a donde había llegado, y
estuvimos comiendo en mesas contiguas. Durante todo el tiempo de la comida no se dio cuenta de que estaba fuera de sitio, pero en esa comida estaba Tello
y ya había sido designado embajador en Portugal,
después de haber sido, desde luego, uno de los críti-
cos de la política de De la Madrid y de la política
neoliberal. Ya a partir de ahí, sabíamos que estábamos en un enfrentamiento franco, pero, nosotros dijimos: "Tenemos que dar la pelea adentro, nosotros
no nos vamos a salir, nosotros vamos a seguir actuando como miembros del partido, llamando a que
la gente se agrupe, llamando a que asuma las posiciones de la Corriente y a ver hasta donde llegamos, a
ver qué tanto podemos avanzar". Ya no volvimos, yo
al menos, a encontrarnos con De la Vega ni con De
la Madrid y de hecho con nadie del gobierno, con nadie en cargos importantes.

—El siguiente paso es la ruptura.

—Sí, pero...

VI. El nacimiento de un candidato

—¿El siguiente paso es la ruptura? —*pregunto de nuevo.*

—El siguiente paso fue el desarrollo mismo de la Corriente Democrática. En un viaje a La Laguna un grupo de compañeros hizo un pronunciamiento proponiéndome como candidato a la presidencia, todavía esto se veía muy distante. Por ahí de mediados de año, alguien lo planteó de manera más formal y el grupo que estábamos coordinando la corriente, acordamos...

—Que seguían siendo ocho o nueve.

—Que seguíamos siendo ocho o diez, por ahí... acordó que yo pudiera ser el precandidato de la Corriente en la confrontación interna del Partido. En ese momento, eran decisiones que tomábamos muy en corto. Recuerdo que a Janitzio Múgica no le gustó mucho esto, él era diputado todavía y fue cuando empezó a separarse del grupo hasta el momento en que se separó totalmente y ya no volvió a estar con nosotros. Después de que se planteó que yo pudiera ser precandidato, seguíamos saliendo, seguíamos teniendo reuniones aquí en México y veíamos cómo avanzaban las cosas también del otro lado. No me acuerdo si fue en el curso de agosto, quizá fue fines de julio y en agosto fue cuando se hizo la pasarela de los seis distinguidos priístas, que el presidente proponía

73

como sus candidatos. Les dieron su rato de televisión a cada uno y veíamos que ya se estaba preparando la forma de elegir al candidato oficial y que todo iba a ser con los mismos procedimientos. Nosotros hicimos algún pronunciamiento en contra de ese método. Todavía le exigíamos al partido que lanzara la convocatoria abierta para registro de precandidatos.

En esos días se hizo algo que fue un acontecimiento importante; a iniciativa de Fernando Sánchez, dirigente popular aquí en el Distrito Federal, de comerciantes y grupos populares, tuvo la iniciativa en alguna reunión de la corriente, ya éramos unos cuantos más, de que se hiciera, lo que él llamó, la marcha de las cien horas por la democracia y se inició la marcha por las cien horas de la democracia por el veintitantos de septiembre, 20 de septiembre, 19, 20 de septiembre, que consistió en empezar a dar vueltas en el Zócalo...

—¿Cuántos eran, quiénes eran?

—Pues éramos los de la Corriente, y grupos de personas que empezaron a mostrar gestos de solidaridad. Llegó, me acuerdo, de los primeros Luis Sánchez Aguilar, del Partido Social Demócrata. Y pronto había tres, cuatrocientas personas marchando en el Zócalo, dándole vueltas al Zócalo con algunas mantas, pero a ratos eran sólo Fernando Sánchez y Javier Ovando. Ovando fue muy activo y estuvo muy presente en esa marcha de las cien horas, que concluyó con una manifestación grande, es decir, grande para el momento, quizá, no sabría decir, pero cerca de las cinco, ocho mil personas, el día veintitrés, si la memoria no me falla, en que terminamos de darle vueltas al Zócalo, a las seis, siete de la tarde, nos fuimos al monumento a la Revolución y de ahí mandamos todavía a una comisión encabezada por Ifigenia, para exigirle al partido que lanzara la convocatoria. Estaba lloviendo. Tenían rodeado el edificio del partido con tanquetas, no sé cuántas, y el que era jefe de la policía, J. D. Ramírez Garrido, el hermano de Graco. Llegaron Ifigenia, César Buenrostro y ocho, diez compañeros más. Nosotros esperábamos a que regresaran al monumento de la Revolución, ahí terminamos con algún discurso. Mientras tanto se les recibió en el PRI, y desde luego la respuesta fue nula, fue el silencio. A los pocos días, en los primeros días de octubre, se destapó a Salinas, es decir se produjo la candidatura presidencial. Después de la marcha de las cien horas, o cerca de esos días, empezamos a hablar con otros partidos, tuvimos alguna reunión con las gentes del Partido Popular Socialista, tuvimos pláticas con Carlos Enrique Cantú, Presidente del PARM. Con él seguimos avanzando, seguimos platicando con él y surgió la posibilidad de mi candidatura, dentro del PARM.

—¿El grupo de la corriente seguía siendo priísta hasta ese momento?

—Estábamos en el PRI y teníamos desde luego que optar qué hacer en el momento que De la Madrid escogió a Salinas y lo hizo público, esto es, o nos aguantábamos y aceptábamos esa candidatura, nos incorporábamos a la campaña (seguramente hubiéramos sido bien recibidos en ese momento). Analizamos la posibilidad de una campaña sin candidato, simplemente de señalamiento, de crítica, analizamos la posibilidad de una campaña con candidato y sin registro, llamando al voto en el círculo blanco y empezamos a analizar también las posibilidades, y a dar pasos en ese sentido, de plasmar una candidatura con registro, pero necesariamente de otro partido. En estas pláticas, avanzamos principalmente con el PPS y con el PARM, antes, por ahí del mes de julio o agosto, ya la Corriente Democrática tenía cuerpo, en alguna ocasión vinieron a hablar conmigo un grupo del PMS, aquí mismo, en el que venían seis, ocho personas, entre ellas, me acuerdo, Manuel Terrazas y Amalia García, planteándome la posibilidad de que yo pudiera figurar como candidato del PMS. Yo entiendo que todavía no hacían la elección primaria donde salió electo Heberto y la respuesta fue muy clara y muy sencilla: agradecerles en primer lugar el que me hubiesen invitado y decirles que nosotros estábamos dando la pelea interna en el PRI, que éramos miembros del PRI y que estábamos buscando justamente abrir vías democráticas al interior del partido. En algún momento también me invitó a figurar como candidato, por esas mismas fechas, Luis Sánchez Aguilar, del Partido Social Demócrata, sin registro, y la respuesta fue en los mismos términos: "Nosotros estamos dando una pelea interna en, hasta ese momento, nuestro partido y no podemos en este caso, ir con otros partidos". Después de la marcha de las cien horas, sí multiplicamos las pláticas, principalmente a partir del momento en que Salinas era ya el candidato destapado. Creo que la candidatura de Salinas no era la esperada por ninguno de los partidos que posteriormente formaron el Frente Democrático Nacional, alguno de ellos, no recuerdo si el PST o el propio PPS, había pedido un juicio político contra Salinas y en fin, existía un enfrentamiento de los dirigentes de estos partidos con el propio Salinas en su calidad de Secretario de Programación. Entonces, nosotros empezamos a hablar con el PARM y fue la primera candidatura que pareció poderse concretar.

—Siendo todavía priístas.

—Siendo todavía priístas, pero sabiendo que si se

76

concretaba esa candidatura, quedaríamos automáticamente excluidos del partido, pero, nosotros manteniéndonos dentro de los principios y con la misma ideología y el mismo compromiso que habíamos siempre...

—¿Cómo se concretó la candidatura parmista?

—Estuvimos hablando, ahora sí que hablando, con Cantú; tenía resistencias internas dentro de su partido, pero él fue un factor determinante para empujar a que la candidatura se amarrara, había muchas dudas respecto a mi persona, a un supuesto radicalismo irracional, diría yo, de mi parte. En alguna ocasión estuvimos charlando para ya convenir cómo, cuándo, a qué horas, cómo le hacíamos, porque sí sentíamos la necesidad de, habiendo ya tomado esa decisión, apurarla y de concretarla para que quedara en alguna forma amarrada porque, había muchas presiones en el interior del propio PARM que no se nos ocultaban, venían desde el gobierno. En esto se mantuvo muy firme y muy derecho Cantú Rosas. En alguna ocasión hablamos con él y con quien era secretario general del partido, con Pedro González Azcoaga. Quedamos de vernos al día siguiente para precisar detalles, de desayunar aquí en casa de mi madre y González Azcoaga ya no llegó, pero Cantú se mantuvo firme, estuvimos Porfirio y yo. Hubo que apurar el paso y no avisarles a los demás, o sea, habíamos estado hablando con el PPS, etcétera, pero creíamos que era necesario dar ese paso rápido por lo que el propio PARM representaba como planteamiento ideológico, como cercanía en alguna forma con el propio proyecto oficial. Yo fui candidato del PARM el 14 de octubre del 87, esto desconcertó y quizá no cayó muy bien a los amigos del Partido Popular Socialista; no les gustaba mucho el acercamiento con el PARM, o el que yo

77

pudiera ser candidato de ambos partidos, retrasó su propia decisión de apoyarme. Después empezamos a hablar también con el PST, antes habíamos tenido alguna plática con el PPS y ellos habían tenido por su lado, pláticas con el PMS. En algún momento trataron de juntarnos y los del PMS no llegaron, entonces hablamos únicamente quienes íbamos por la Corriente y los dirigentes del PPS.

—¿Cómo fue la elección, el acto parmista de declaración, ¿cómo lo recuerdas?

—Fue un acto pequeño, en el salón de actos del propio PARM, había...

—¿Cincuenta, cien personas?

—No, no, unas trescientas, cuatrocientas.

—¿Más periodistas que asistentes?

Se escuchan risas en la grabación.

—No, no, bastantes asistentes en el salón, y había unas dos mil gentes afuera, porque la Corriente Democrática ahí estaba. Después del acto de protesta como candidato hicimos una marcha al monumento a la Revolución, no fue una marcha deslucida ni mucho menos. Fue un tanto apresurado pero el tiempo estaba contra nosotros. El acto se celebró no como una convención nacional sino dentro de una reunión del consejo. De acuerdo a sus estatutos, el consejo podía decidir quién sería el candidato y había necesidad de acortar los tiempos, de no dar mucho tiempo a que se siguieran ejerciendo presiones que estaban a la vista. González Azcoaga, secretario general, se salió del partido, pretendió que se le reconociera como presidente y como titular propiamente del PARM. Había que apurar el paso. Seguimos hablando con los demás, la segunda candidatura que se concretó fue la del PST, que se transformó en Partido del Frente Cardenista.

—¿Ahí las relaciones fueron con Aguilar Talamantes?

—Con Talamantes, principalmente, quien en varias ocasiones estuvo acompañado por Pedro Etienne, por Jorge Amador, si mal no recuerdo. Yo me convertí en su candidato el día 22 de noviembre y me acuerdo que el día 21 en la noche, de repente me avisaron, ahí en el departamento, que me buscaba Talamantes. Junto con Pedro Etienne y Amador me plantearon, es decir, me planteó Talamantes, que por qué no asumía yo la presidencia del Partido del Frente, siendo candidato al mismo tiempo y siendo candidato del PARM. Yo le dije que me sorprendía la propuesta, en primer lugar, pero que además la encontraba muy contradictoria, el ser presidente de un partido, habiendo ya sido candidato del PARM, habiéndome en ese momento afiliado al PARM.

—En ese momento los dirigentes del PST estaban enfrentados y en desacuerdo con Salinas, con su postulación.

—Acababan de pedir hacía tres semanas juicio político para Salinas y no sé cuántas cosas.

—¿Alguna vez te llegó algún papel donde se te expulsaba del PRI?

—No. Hubo alguna declaración diciendo que nosotros habíamos ya optado por salirnos. Nunca se atrevieron a expulsarnos porque nosotros estábamos dispuestos a seguir todo el procedimiento de garantías y prefirieron no hacer ruido en la prensa.

—Entonces hasta ese momento eras candidato, de la Corriente, con lo que eso pudiera representar, del PARM, del cual te habías hecho miembro y del...

—Partido del Frente Cardenista.

—Que se acababa de cambiar de nombre.

—Que cambió de nombre en la misma fecha.

—Y seguían las conversaciones con el PPS.

—De hecho, ya en ese momento se estaba de acuerdo en que yo fuera su candidato, y lo fui en los primeros días de diciembre, el doce o trece, creo que el trece. El doce es una fecha muy guadalupana y no creo que haya sido la elegida por el PPS.

—Y con éste pequeño frente empezó la campaña.

—Empecé el recorrido de campaña el 29 de noviembre en Morelia, antes había ido con los dirigentes del partido del Frente, el 20 de noviembre, a Chihuahua. En realidad ese fue el primer acto de campaña que hicimos, en Chihuahua, donde se empezaba a plantear que también el Comité de Defensa Popular de Chihuahua, de Rubén Aguilar, se pudiera sumar a la candidatura. En ese momento el PST mantenía conversaciones con ellos para ver esa posibilidad, finalmente no se concretó aunque ellos en un momento dado me proclamaron su candidato.

—Antes, varias reflexiones. La primera: pareciera una comedia de absurdos, ¿no? Excluido de la posibilidad de una candidatura abierta dentro del PRI, vas a dar a los partidos paraestatales, caracterizados en los últimos años por el dominio que sobre sus posiciones y sus situaciones había hecho el propio PRI, lo cual, a los ojos de los que estábamos fuera, en la perspectiva de la izquierda independiente, nos parecía una locura. Si había resultado relativamente fácil excluirte del PRI, ¿no era más fácil excluirte del PARM, del PST y del PPS?, partidos que habían estado en una situación de grandes equívocos, favores, relaciones muy confusas y sumisas con el gobierno. Todo era como una especie de extraña locura para el observador externo.

Cárdenas se ríe.

—Pero al mismo tiempo, haz esta primera refle-

80

Mediados de los años 60 en Michoacán.

Campaña para gobernador de Michoacán, 1980.

En Epitacio Huerta, durante la campaña del 80, con sus hijos Lázaro y Cuauhtémoc.

Campaña del 80 en Copjenec, Michoacán

Con Celeste, durante la campaña.

En el cierre de campaña, Morelia, 1980.

En el zoológico de Morelia, marzo de 1981, ya como gobernador de Michoacán.

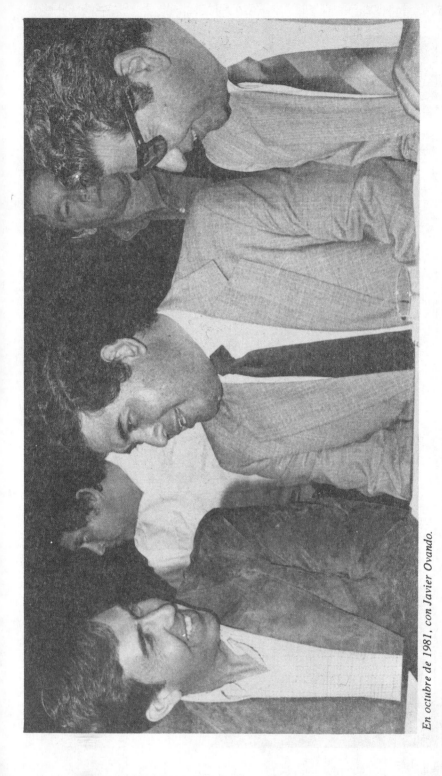

En octubre de 1981, con Javier Ovando.

xión: ¿tú no tenías esa misma perspectiva porque estabas viviendo el proceso desde dentro?

—Mira, no tenía esa perspectiva primero porque quisimos creer desde el primer momento en la palabra de los dirigentes de estos partidos y porque si ellos se nos sumaban y nosotros íbamos en serio y así se los dijimos, entonces ellos también estaban asumiendo la actitud y la posición de quienes nos encontrábamos en la Corriente Democrática.

—Segundo y cambiando totalmente de ángulo. Tu vida privada, al convertirte en candidato de una coalición de partidos sin dinero, sin recursos, etcétera, cómo se organizaba. ¿Cómo habías organizado tu frente interno, económico, qué estabas pensando, que conversaciones familiares, que tipo de apoyo buscaste ante una decisión tan trascendental como lanzarte a una campaña que se veía en principio como una absoluta locura? Una campaña con mucha voluntad y muy poco...

—Mira, como una absoluta locura, no, por una razón: porque desde que empezamos a salir con la Corriente Democrática obteníamos una respuesta importante de sectores del partido, es decir el propio partido oficial. En Michoacán desde luego había un movimiento vivo, respuestas importantes en La Laguna, Baja California, en Sinaloa... se empezaron a sumar gente de la universidad, compañeros que andaba fuera de organizaciones políticas, que no tenía militancia partidaria se empezaron a afiliar a la Corriente Democrática, en San Luis Potosí, en Yucatán, en Tabasco. En realidad empezamos a tener respuestas importantes por todo el país. Esto es, nosotros sabíamos que la gente nos estaba respondiendo, no era una aventura con las cúpulas partidarias o sólo con los partidos, que evidentemente sabíamos cual había sido su posición frente al gobierno, pero creíamos que se estaba dando un cambio cualitativo, esto es, a estos propios partidos se les abría una perspectiva que no habían tenido anteriormente, la perspectiva de dar realmente una pelea por ganar el poder; se estaba abriendo esa posibilidad y yo debo decirte que quienes estábamos en la Corriente, por lo menos los que estábamos en la Corriente, sí veíamos que esa posibilidad se estaba configurando.

—Esa era la perspectiva desde adentro... y respecto a tu frente interno, tu estructura económica privada, tu familia.

—Bueno mi estructura económica privada nunca ha sido muy sólida. Se tuvieron que vender algunas cosas. Siempre conté con la comprensión y la solidaridad de Celeste, de mis hijos...

—¿Tuviste alguna discusión con ellos o siempre existió un apoyo declarado?

—Discusión, no. Hubo, desde luego, cambio de impresiones, compartir inquietudes, contarles las decisiones que estaba yo pensando tomar y debo decirte que el apoyo fue claro, se mostraron solidarios con esta lucha desde el principio, desde que empezamos lo que fue la Corriente Democrática. Yo le había dicho anteriormente a Celeste que terminando el gobierno quería yo dedicarme a atender algunas cuestiones personales, a escribir, a trabajar algunas cosas que siempre se van quedando en torno a mi padre, en torno a su proyecto de la revolución y cuando ella vio que estaba yo reuniéndome con el grupo de la Corriente y hablo de los primeros días, de las primeras reuniones, me dijo: "Ya te vas a meter en más líos y esto de los proyectos de tranquilidad, creo que se van a tener que alargar". Ella fue la primera que lo vio claro.

82

—¿Hubo dudas en algún momento en estos seis meses? Dudas como decirte a ti mismo...

—No, duda ninguna, estábamos dando una pelea en contra... es decir, desde luego, después de la asamblea del PRI y del discurso de Jorge De la Vega, nosotros sabíamos que en ese momento se había dado una ruptura definitiva, que a menos que el gobierno rectificara posiciones, nosotros no teníamos cabida ni en el gobierno ni en su proyecto, pero, también dijimos, que sean ellos quienes nos echen fuera, nosotros no nos vamos a salir, nosotros tenemos la razón, nosotros estamos actuando de acuerdo a principios, de acuerdo a estatutos y bueno, son los otros los que se tienen que echar el tiro.

—Curioso cómo se plantea el fenómeno, visto desde ahora y al paso del tiempo, lo que empieza como un proceso para democratizar el PRI, se vuelve un proceso para democratizar el país.

—Así es.

—Y esto es lo apasionante de la historia. Lo verdaderamente apasionante de la historia es este tremendo salto, en el que sin duda tiene mucho que ver que el debate se sale del aparato priísta y sus miserias, centrado en el problema del poder y entra en contacto con la población, con el país real, con los que están ahí y no tenían canales de opinar, los que no conocían, los que llegaron, los que se acercaban, no. ¿Cómo lo ves al paso del tiempo este momento?

—Mira yo te hablaría sólo de una percepción personal. Cuando, como responsable de organización del MLN, 25 años antes, había salido mucho, a Sonora, a Baja California, a Michoacán, a Jalisco, alguna vez hice un viaje de aquí hasta Yucatán por tierra, parándonos de pueblo en pueblo, Tlaxcala, en fin, y mucha de la gente a quien yo conocí, con quien me encontré en el Movimiento de Liberación Nacional fue la primera a donde nosotros nos dirigimos como Corriente Democrática y encontramos a mucha de la gente que había colaborado con nosotros en el Movimiento de Liberación Nacional, que estaba en organizaciones campesinas, que estaban haciendo trabajo en universidades, en fin, compañeros regados por todos lados y esto nos permitió ver que había un movimiento vivo, que no estábamos cayendo en el vacío con el planteamiento que estábamos haciendo como Corriente Democrática.

—Hay veinticinco años de diferencia entre una fecha y la otra. ¿Qué pudo haber contribuido para que ese movimiento siguiera vivo?

—Entre otras cosas el que los principales problemas del país y de la gente no se resolvieron.

—Exactamente.

—Ni se resolvió la cuestión de un desarrollo independiente, ni el ejercicio de la soberanía, ni mejoraron las condiciones de vida de manera sustancial, al contrario, en el gobierno de De la Madrid, después de la crisis de la deuda de 82, todos los problemas sociales se agudizaron, los niveles de vida se cayeron, vino la inflación, vino la inseguridad, el problema de la deuda externa, bueno, todo esto hizo que quien tenía conciencia diera el paso a participar, si es que no estaba participando, y diera el paso a sumarse y agruparse viendo esa posibilidad y por otro lado, la relación personal que se había establecido, aparte de lo que pudo haberse dado en estos años intermedios, en el gobierno de Michoacán, etcétera, también me permitió ir a muchas partes del país, por ejemplo, mis tres años en la subsecretaría forestal, esto también hizo que hubiera gente, pues, que nos conociera a los miembros de la Corriente Democrática y que nos tuviera confianza, o sea que no fue nada más una candidatura con el PARM o con los otros partidos en base a arreglos de cúpula, que, bueno, si así los queremos ver, fueron acuerdos de cúpula, porque además, ni el tiempo ni las circunstancias nos permitieron otra cosa, si no que nosotros sabíamos que había gente real abajo.

—Sin embargo hay un momento en que cambia el sentido de la campaña, que es cuando empiezan a sumarse lo que llamaríamos los grandes herederos del 68 y del 85, que son las organizaciones barriales sociales y los cuadros militantes de la izquierda no partidaria, vía grupos como el MAS, o vía grupos sueltos e incluso como individuos. Esto le da un carácter de amplitud al frente que se está construyendo en estos momentos, a este frente centro/izquierda que se está construyendo. ¿Cuándo se producen estas incorporaciones y cómo participaste tú en ellas?

—Empiezan desde los orígenes, más o menos despacio en algunos casos, yo creo que con muchas dudas en todos. Veníamos del PRI, veníamos de una experiencia de gobierno, había dudas de todos lados, unos porque veníamos del PRI, otros porque decían que éramos muy radicales, que queríamos simplemente revivir mecánicamente un pasado, voluntaristamente revivir el pasado.

—Otros te veíamos como conservador, un aparachinski priísta.

Cárdenas se ríe abiertamente.

—Otros, por venir del PRI, porque bueno, ahí se había dado una lucha en otros términos.

—¿Tenías desconfianza respecto a los acercamientos de estos grupos de la izquierda no partidaria?

Lo digo y durante un segundo me quedo pensando que esa izquierda de la que hablo como si se tratara

de un grupo de marcianos, es mi izquierda, la de
siempre, la de los movimientos sociales.

—No, porque yo los había conocido, es decir,
nunca había estado adentro, nunca había estado tan
cerca de ellos, pero, te repito, desde que yo anduve
en el Movimiento de Liberación, me encontré con
muchos de estos grupos, o con los antecedentes o
antecesores de estos grupos, por otro lado, en mi
caso personal, bueno, yo nunca fui un incondicional,
menos aún un aplaudidor dentro del propio PRI. Por
mencionar algunos hechos, cuando el partido y Echeverría hablan de que el partido va por la democracia
interna y que habrá nuevas formas de participación y
de selección, pues yo les tomo la palabra y empiezo
a recorrer Michoacán y empiezo a buscar la candidatura dentro del partido y cuando se designa, por los
métodos de siempre, como candidato a Torres Manzo, yo lanzo un manifiesto público, que no le gustó
a Echeverría. Yo era empleado en ese momento tanto
de la Siderúrgica las Truchas, como del fideicomiso
Lázaro Cárdenas, ambos, organismos del estado y,
bueno, yo me dije, como ciudadano no tengo por qué
dejar de hacer lo que creo que tengo que hacer. En
más de una ocasión salí con declaraciones públicas
sobre cuestiones de soberanía, cuestiones de petróleo. Te contaba que en el ochenta aniversario del na-
talicio de mi padre, cuando apenas tenía cinco años
de haber fallecido, en Jiquilpan, hablé a nombre de
la Asociación Cívica Lázaro Cárdenas frente a Echeverría y le dije que abriera el juego de los candidatos, que se invitara a los interesados en manifestarse,
que se diera un juego interno y esto no les gustó;
tampoco les gustó cuando pretendieron hacer un ho-
menaje conjunto a mi padre y al general Calles en los
aniversarios de la muerte de ambos, que coinciden el

19 de octubre. Les hice saber, que cumpliendo un acuerdo familiar y de los amigos más cercanos que iríamos por única vez a un aniversario donde se les recuerde juntos. Yo había estado revisando los apuntes de mi padre, y me había encontrado con un documento por ahí que seguramente él estaba preparando para el aniversario de la Revolución, el 20 de noviembre, y ya no lo alcanzó a terminar, entonces lo que hice fue simplemente agregar dos páginas al principio y creo que media página al final, y leer ese documento, que sé que tampoco les gustó. O sea que había habido muchas manifestaciones públicas, muchas evidencias públicas de que al interior del partido, quienes estábamos en la Corriente Democrática, teníamos nuestros propios criterios, no necesariamente coincidentes, aun cuando se pudieran cuidar las formas para decir las cosas, con la línea oficial. Esto siempre lo hicimos. Yo lo hice como gobernador de Michoacán por lo menos en dos ocasiones, de manera insólita, saqué desplegados aquí en la prensa nacional por distintos motivos, en un caso cuando se nos metió la policía de Jalisco, cuando el caso de Camarena y el piloto que mataron; y en otro momento, ante una intervención de la jerarquía católica, yo lo hice públicamente y sé que, es decir, no es que lo adivine o lo suponga, el secretario de gobernación en aquel momento me dijo que eso no le había gustado.

—Les hiciste lo que vulgarmente se llama una grosería... Nos habíamos quedado en la aproximación a la campaña presidencial de los grupos de la izquierda, a partir de julio de 87.

—Había una intención que flotaba en muchos grupos, yo diría que en todos los que estabamos metidos en la campaña, de lograr una candidatura unitaria, esto es, que no hubiese tantos candidatos del abanico de fuerzas progresistas, democráticas, etcétera. Si no pudiera darse una candidatura unitaria, al menos, la mayor concertación posible. Quienes primero plantearon esto fue un grupo que se denominaba Unidad Democrática, donde estaba Evaristo Pérez Arreola. Él hacía cabeza principalmente de ese grupo y tenían mucha gente del sindicato universitario. Ellos fueron los primeros que empezaron a manejar esto y fue uno de los primeros grupos, más allá de los partidos, que me proclamó su candidato; hubo otro grupo que adoptó el nombre de grupo Poliforum (porque allí se reunían), donde estaba Marcelino Perelló, Rodolfo Echeverría ("Chicali"), Félix Goded, Joel Ortega, creo que estaban ellos por ahí, que también empezaron a hacer este planteamiento, "bueno, ¿por qué no se va a un sólo candidato, para presentar un frente más amplio, por lo tanto más fuerte, frente al candidato oficial?" En los primeros meses del año, no recuerdo exactamente cuándo, empezamos a tener algunas pláticas con el PMS. El PMS nos planteó la posibilidad de unificar candidaturas, hacerlo a partir de una elección abierta, una elección primaria abierta, donde pudieramos participar Heberto, que era el candidato del PMS, Rosario Ibarra, del PRT y yo. Analizamos la situación y respondimos que veíamos conveniente el poder unificar candidatura, pero que considerabamos que debíamos partir no de una elección primaria, sino fundamentalmente de una evaluación política; ver qué respuestas estaban teniendo los distintos candidatos, ver que grupos estaban apoyando en un caso y en otro. Esto lo hicimos, nosotros, es decir, quienes veníamos principalmente de la Corriente Democrática, tomando la opinión de los partidos políticos y ninguno de los tres partidos con registro, el PARM, el PPS y el Partido del Frente, estaban muy de acuerdo en que fuésemos a una confrontación de ningún tipo, ni a partir de una valoración política y menos a partir de una elección primaria para buscar una candidatura de unidad; ellos decían: "bueno, pues si nosotros queríamos ir a esa elección, iríamos", pero se reservaban su derecho a apoyar o no a otro candidato en caso de que no resultara yo el que ganara en una justa en estas condiciones. Seguimos discutiendo con el PMS, tuvimos algunas reuniones y ellos se mantuvieron en su posición y finalmente aceptamos, hay incluso alguna correspondencia cruzada en este sentido, aceptamos ir a una elección abierta, con Heberto. Entonces Heberto nos respondió diciendo: "bueno, yo participo, es decir vamos a la elección, pero necesariamente tienen que ir todos los candidatos incluyendo a Doña Rosario". Ella había declarado que en ningun caso participaría en una elección, que ella no estaba dispuesta ni a someter a una elección su candidatura, ni a retirarla, porque consideraba que debía mantenerse el espectro político, su candidatura como candidatura de los socialistas, o sea que cuando Heberto responde "vamos a una elección primaria" y nosotros ya habíamos dicho que iríamos a esa elección primaria, pero cuando Heberto agrega: "a condición de que vayamos todos", ya sabíamos todos que era imposible. Entonces ahí terminó ese otro esfuerzo de buscar la unidad, una candidatura de unidad, al principio del año de 88, ya después entramos cada quién en su propia dinámica de campaña. Se agregó después, como un grupo importante, el MAS (Movimiento Al Socialismo), el 18 de marzo fue la reunión y de hecho mi postulación por parte del MAS y así se fueron agregando, no te podría decir cuál primero y cuál después, Punto Crítico, la ACNR, en fin, la mayoría de los grupos de la izquierda independiente que tenían trabajo popular importante.

—Fue más o menos importante la adhesión de la Asamblea de Barrios, ¿no?

—Ellos habían lanzado también a Superbarrio como candidato, habían estado llamando a la unidad, es decir, a que pudiéramos tener una candidatura de unidad las fuerzas democráticas y progresistas. Hicieron toda la lucha para que pudiera darse un acuerdo con el PMS y con Heberto. Cuando vieron que no se lograba y que se estaba dado un agrupamiento muy importante, que se concretó en la creación del Frente Democrático en Jalapa el once o doce de enero del 88, Asamblea de Barrios también me proclamó su candidato, declinó Superbarrio. Fue efectivamente una cuestión espectacular, no usual en nuestra vida política, y así se fueron sumando varios grupos y, a Jalapa, a la constitución del Frente Democrático, yo no te podría decir exactamente quién llegó o quién no llegó en este momento, pero al menos se podía contar con los tres partidos de que he hablado y unas veinte organizaciones. Además se sumarían a la candidatura el Partido Social Demócrata, el Partido Verde, que fue la base de lo que ahora es el Ecologista Mexicano, el Partido Liberal, que presidía Fernando Palacios Vela, Fuerzas Populares, el grupo donde están Celia Torres y Fernando Sánchez, también me había proclamado su candidato, el Consejo Obrero Campesino de México, de Leopoldo López Muñoz, en fin, había ya una serie de organizaciones sociales y políticas que conformaban una candidatura con una base amplia, aparte desde luego de los tres partidos que eran el núcleo fuerte de la candidatura.

—El núcleo fuerte, formal, y en cuanto al registro.

—Formal y en cuanto al registro.

—Pero las organizaciones populares tenían una militancia mucho mayor que los partidos.

—Desde luego, me refiero a eso, es decir, al núcleo fuerte en cuanto al registro, a la presencia en ese momento de las complicadas relaciones con la Comisión Federal Electoral, a todo el manejo y toda la relación oficial que se mantenía a través de los partidos políticos, pero desde luego, la base social se daba a partir tanto de las organizaciones, como de mucha gente que seguramente había estado formalmente encuadrada en organizaciones oficiales. Es decir, el voto rural, podríamos pensar que venía de la CNC, sin que esto estuviese en alguna forma establecido de manera oficial; que el voto que obtuvimos de muchos burócratas, no podemos decir que hayan sido desprendimientos de la FSTSE, pero era gente que desde luego estaba formalmente encuadrada en la FSTSE, y evidentremente un apoyo obrero en muchas zonas donde es evidente el control del sindicalismo corrupto.

—Para esos momentos había habido un recomposición de las fuerzas sociales, se había creado un verdadero frente centroizquierda, que incorporaba prácticamente a todo lo que se movía en este país del centro hacia la izquierda, exceptuando el PRT y el PMS. Y había habido una modificación en tus activistas, en tus cuadros de campaña. En la militancia que rodeaba al proyecto, había aparecido toda la izquierda post sesentayochera, se había venido a sumar como una interesante fuerza y como opinión. ¿Cómo percibías tú esta especie de cambio de tu entorno? Todo esto empezó en el momento en que se reunía un grupo de priístas progresistas, con una idea diferente al modelo que se quería imponer y de repente te encontrabas al frente de una coalición múltiple, multiforme, con voces, que venían desde exguerrilleros que habían pasado temporadas en la cárcel, combatientes de oposición de veinte, veinticinco años de historia, desprendimientos interesantes del aparato oficial, partidos que habían tenido unas propuestas muy grises, muy cercanos al poder, o sea todo este conglomerado, ¿cómo percibías este caos que te rodeaba?

—Bueno, más que caos, realmente como un desbordamiento de la ciudadanía y de la gente en búsqueda de un cambio. Esto se fue percibiendo muy claramente a lo largo de la campaña. Arrancamos fuerte, arrancamos en Morelia. No era extraño que ahí se diera una concentración importante, en esos momentos, finales de noviembre. Después, de ahí nos fuimos al estado de Hidalgo.

—Donde había habido recientemente grandes conflictos magisteriales, rurales.

—Pero ahí no fue un recorrido amplio, fuimos dos días o tres a algunas regiones del estado, a la Huasteca, a la zona de Ixmiquilpan y tuvimos reuniones bajitas: Hubo respuesta, pero no eran grandes concentraciones. No recuerdo a dónde más fuimos todavía en el curso de diciembre. Fuimos a Tabasco, donde también tuvimos algunas reuniones no muy concurridas, yo creo que estuvimos en el norte, no sé si en Coahuila o en Nuevo León, pero bueno, así terminamos el año.

En la memoria la campaña se desdibuja, las ciudades se mezclan en el recuerdo, los rostros se suporponen, los discursos se repiten. ¿Es así? A veces Cárdenas tramsmite esta impresiòn, pero no, no es así. La anécdota recupera la calidad de la realidad.

—Y arrancamos el año entre recorridos que resultaban ya muy importantes y empezamos a ver un cambio cualitativo cuando llegamos a La Laguna. La Laguna fue hacia finales de febrero. Ahí el desbordamiento fue extraordinario, a mí no me pareció fuera de lo natural, porque se había estado moviendo ya la opinión y uno de algún modo lo percibe. La opinión oficial dijo: "bueno, es que es una zona de tradición Cardenista, es un lunar en la república y se trata es un hecho aislado". Siguieron Colima, Nayarit, Baja California; yo te diría que empezamos a sentir un ascenso, que por finales de abril y sin que la prensa, los medios, lo percibieran, ya estábamos en puntos muy altos. En puntos muy altos en zonas donde el gobierno podía suponer que no íbamos a tener mayores respuestas y que yo creo que su propia información oficial, no quiso dar esa impresión; incluso yo me atrevo a pensar que no informaban con toda veracidad a sus superiores, porque en una ocasión me acuerdo que alguno de nuestros compañeros le decía a alguno de los agentes (porque se acaban conociendo en estas giras): "Oiga, cómo está usted reportando que hay tan poca gente, si aquí por lo menos hay cinco, seis mil". "Sí, dice, pero si les digo más de tres mil, me regañan".

Risas en la grabadora.

—¿Tienes alguna anécdota de aquellos días?

—En La Laguna, hubo un incidente curioso. Yo estaba en Zacatecas, ahí me alcanzó Celeste con Camila, para irnos a la gira de La Laguna. Ella se fue por delante, yo todavía me quedé terminando alguna cosa en Zacatecas, iba a llegar tarde a Torreón, y para no caminar de noche, ella se fue por delante, habíamos adelantado que nos hicieran reservaciones en los hoteles y yo le había pedido a un amigo, que me hiciera reservación a donde yo iba a llegar con Celeste y cuando ella se fue de Zacatecas le dijimos: "llegas aquí a este hotel, al Hotel Presidente y yo ahí llego en la noche y te encuentro". Llegó alrededor del medio día y se encontró con que habían cancelado la reservación. Por cierto nos habían cancelado también las reservaciones para el resto de la gente, tanto en ese como en otros hoteles. Buscó al gerente y le dijo: "Yo no sé usted qué va a hacer, pero yo tenía una reservación y yo no me puedo ir con la niña a ver a dónde encuentro un hotel aquí en Torreón. Ni conozco Torreón, ni sé a dónde ir y usted es el que me va a acomodar". El gerente parece que estaba discutiendo con el responsable del estado mayor de la gira de Salinas, que son los que se hacen cargo de los acomodos y en el atarante le dijo: "pues señora, lo único que tengo es una suite, se la puedo dar al mismo precio, pero lo único que tengo es una suite". Ella le dijo: "a mí no me importa dónde me meta usted, usted me da un lugar". Pues bueno, fuimos a dar a la suite famosa, yo llegué en la noche, ya me estaba esperando ahí este amigo nuestro, Carlos Torres, que había hecho la reservación y a quien se la habían cancelado y ya se había puesto en contacto con Celeste y me dice: "En el hotel está toda la comitiva de Salinas, él está alojado también en tu hotel". Él me había ido a encontrar al otro hotel a donde iban a llegar otros compañeros nuestros que iban en la gira. Nos fuimos a nuestro hotel a buscar a Celeste. Llegué en el carro con Carlos, me bajé con mi portafolio y cruzamos el lobby, lleno de gente de la gira de Salinas; pero no sólo eso, sino que en la recepción me dice Carlos: "estás en el mismo piso que Salinas". Y efectivamente, cuando subí, ahí estaban los de la escolta, desde luego, extrañadísimos, en ver que llegaba yo a ese mismo sitio. Dicen que ese día no durmió Salinas ahí, que se

94

fue a dormir dizque al ejido de Batopilas. Parece que lo que sucedió es que sí durmió ahí, pero lo sacaron por la puerta de atrás en algún momento.

—Los ajenos a la campaña, los que estábamos observando de lejos el fenómeno, de repente, cuando vimos la respuesta masiva en las carreteras, en la Laguna, en la salida de los ejidos a recibirte al paso, formulamos la frase obligada, y dijimos: "Bueno, ya se sumó el otro Cárdenas en la campaña. Esta es la presencia de Lázaro Cárdenas en la campaña de Cuauhtémoc". Hay un rencuentro que salta sobre el paso de los tiempos y así como la creación del conglomerado del frente amplio había sido muy espectacular, esto también lo fue porque se empezaba a producir algo: esta especie de encuentro ahistórico o ruptura del tiempo. Quiero comentar una anécdota que le oí a Miguel Bonasso y luego oir tu percepción sobre este fenómeno. Una vez estando el periodista argenmex en una gasolinera en Guerrero, pasaste en un Volkswagen y entonces él le preguntó a un campesino, ¿quién es? y le respondió: "Cárdenas, mi General Cárdenas". Y Miguel le preguntó: "¿Y a quién va a ver?". "A mi General Zapata, que está por aquí adelante". Era un hombre de unos ochenta y cinco años, pero lo dijo con absoluta seriedad. Miguel quedó absolutamente convencido de que tenía razón, de que se estaba produciendo un encuentro atemporal y así empezó su crónica.

—En La Laguna la gente gritaba mucho "ahí viene el hijo del General", *tercia Carlos Lavore*.

—Sí, pero esto tiene una cierta lógica, decir "ahí viene el hijo del General" es cierto, pero ahí viene el General a visitar a Zapata, era pura magia, de la más loca. ¿Cómo percibiste este maravilloso fenómeno?

—Sin duda la presencia de mi padre estuvo y está;

estuvo en la campaña de 88 y en mucho sigue estando. Había una presencia muy fuerte de él en muchas regiones y en muchos sectores, en la Laguna, en el Valle de Mexicali, en el Yaqui, en Michoacán, en la Mixteca de Oaxaca, en el Istmo de Tehuantepec, en todas las regiones petroleras, en fin, existía una presencia de él, muy arraigada, muy en la conciencia de la gente, que en alguna forma también despertaba esperanzas, despertaba en muchos la idea de que pudiese volver una política de atención, de mejoramiento de las condiciones de vida, de un gobierno preocupado por el país, en fin, con otro tipo de orientaciones políticas. Lo que él hizo en vida, desde luego a su paso por la presidencia, en el sector educativo, en reparto agrario, en la expropiación petrolera, eso tuvo repercusión. Yo considero que una enorme proporción de los maestros estuvo a favor del entonces Frente Democrático Nacional independientemente de encuadramientos partidarios y de organizaciones, y en mucho era la presencia de una obra, de una acción política y de transformación social muy profunda que viene de ahí, es decir la gente, como decía Carlos Lavore hace un rato gritaba: "El hijo del general, el hijo del general, el hijo del general", después Cárdenas y finalmente Cuauhtémoc. Es decir, se fue también en alguna forma, diferenciando una personalidad.

—Esa es una transformación, la otra es la conversión del priísta demócrata Cuauhtémoc Cárdenas, en el demócrata popular Cuauhtémoc Cárdenas, y luego en el candidato del frente de centro izquierda Cuauhtémoc Cárdenas. Para muchos jóvenes estudiantes, militantes de los movimientos urbano populares, que entraron a la vida política del fin de los sesentas a principio de los setentas, eso es lo que veían, no tenían referencias históricas.

—Mira, había muchísimas dudas, en muchos sectores, los sectores que venían de organizaciones sociales, de oposición, es decir, de oposición de siempre. En jóvenes que no habían vivido realmente nada de lo que pudiera haber sido una acción derivada de la revolución de 1910, es decir, que conocían por referencias o no conocían, que me veían como alguien venido del PRI, y se preguntaban: "¿Qué, están jugando en serio o están siendo comparsas del candidato oficial?" Todo esto se tuvo que ir superando; la relación, inclusive personal, con mucha de las gente que venían de estas organizaciones, era a veces muy tensa, gente que ahora está en el PRD y con quien tenemos una relación muy fluida, tenía muchas dudas de a dónde queríamos llegar y hacia dónde estábamos realmente empujando; grupos en distintas partes, en Puebla, grupos urbanos...

—¿Puedes citar anécdotas concretas de esto que me estás contando, de estas tensiones, incluso del lenguaje, del "¿tú quién eres?, ¿por qué estamos juntos de repente en este viaje, aunque no nos reconocemos como parte de un mismo proyecto, todavía no?"

—Por ejemplo, la relación con los compañeros y amigos del CEU, los que eran dirigentes del CEU en aquel momento. La primera vez que hablamos con ellos, yo creo que fue cuando estábamos todavía en la Corriente Democrática, antes de que se concretara incluso la candidatura, porque a nosotros nos interesaba que conocieran nuestra propuesta y que entendieran cuales eran las transformaciones tras las cuales estábamos yendo. La primera vez que nos encontramos con ellos, hubo que hacerlo, a escondidas prácticamente y sin que nadie se enterara, porque quién sabe cómo les fuera a ir a ellos, cómo los fueran a considerar sus propios compañeros, porque estaban hablando con una disidencia, pero finalmente una disidencia del PRI. Entonces había, te repito, muchísimas dudas. De ahí a su activismo meses más tarde para promover el mitin del 26 de mayo en la universidad pues hay un mundo de distancia.

—Y ademas lo sorprendente en aquel momento es que eras asumido como candidato del movimiento estudiantil emergente, yo estuve en ese mitin y era transparente cómo te había adoptado el movimiento estudiantil.

—Para mi fue cualitativamente el acto individual, el acto aislado, más importante de la campaña, es decir, cualitativamente el peso que eso tuvo, primero gracias al rector con sus burdos intentos de impedir que entráramos a la universidad, luego las expectativas, porque pasaron como dos meses de que se empezó a hablar hasta que realmente se llevó a cabo el mitin y luego que el acto representó una presencia real del mundo académico del país.

—Ahora lo cuentas todo de una manera muy ecuánime, me tiene un poco desconcertado, la ecuanimidad y la frialdad con la que narras, pero no pudo haber sido tan fácil, no me lo creo, debes haber dicho: "estos escuincles rojos, locos, sectarios, que ahora vienen aquí poniéndome condiciones". Hubo tensiones, hubo muchas tensiones.

—Hubo tensiones, pero no, nunca un trato brusco; además yo estaba acostumbrado a tratar con esos grupos, yo había conocido a muchas de estas gentes en el Movimiento de Liberación Nacional y ahí iba, de algún modo no les habíamos pedido el paso, no, había yo tenido que lidiar con grupos similares en las casas del estudiante de Michoacán.

—Sin embargo es sorprendente la flexibilidad de las partes, tuya, de ellos; y tiene que ver básicamente con que México es un país movimientista, afortunadamente, todos los momentos de tensiones intergrupales, las luchas por el poder, la tensión de la vida cotidiana política, entre todo el espectro de la izquierda-centro/izquierda, que parece comportarse verdaderamente como caníbal en sus ratos de tranquilidad de repente desaparece este estilo, o se suaviza, el movimiento irrumpe y todo el mundo está en el mismo barco y, o remas o se hunde el barco. Es una sensación que yo he vivido a lo largo de mi vida muchas veces, la de la irrupción del movimientismo en México, la gente sale a la calle y, o te cuadras con ella o te quedas fuera, fue percibida con gran agilidad por gentes que iban del espectro más variado, como estabas diciendo, socialdemócratas...

—Mira, por ejemplo, hubo resistencias también de los grupos para entrar en algún momento en la universidad de Puebla. También ahí había muchas dudas en mucha gente, que después se sumó de manera activa y dedicada a la campaña, pero que no querían saber nada de algo que oliera a gobierno o a sector oficial.

—Mauricio Schwarz me contaba, por ejemplo, que cuando estabas dando un discurso en la universidad de Querétaro, después de haber entrado con grandes dificultades a las instalaciones, éste se estaba transmitiendo en directo por radio universidad de Querétaro. En esos momentos trataron de cortar la transmisión y el que estaba transmitiendo se encerró adentro, movió un armario, tapó la puerta y mantuvo la transmisión hasta el final, cosa que le costó su despido a ese muchacho...

—Yo sé, por ejemplo, que hubo despidos también

en alguna estación oficial y en el Instituto Indigenista en Carrillo Puerto, Quintana Roo.

—Cambiando de tema, ¿quién mantenía el equilibrio en el Frente?

—Se da una discusión previa para conformar la plataforma del Frente Democrático. Algunos planteamientos eran más rígidos, más fuertes, a veces de parte del PPS, teníamos algunas resistencias a este tipo de planteamientos todavía, es decir, un tanto cuadrados, si se quiere incluso en algunos puntos por parte del PARM, en fin, eran dos fuerzas que tenían que estarse equilibrando o que se equilibraban en algún momento dado, más aún si tomamos en cuenta que la Corriente no estaba apenas estructurada. Era difícil que se generara confianza entre los dirigentes de los partidos, que se brindaran realmente confianza, siempre había jaloneos...

—Y de ellos con los grupos sociales peor todavía.

—Así es. Sobre todo de algunos no querían saber nada, con los partidos sin registro, ahí en realidad el grupo al que le tocó articular, buscar consenso, imponer tolerancia, fue a la Corriente Democrática.

—¿Quiénes fueron los artífices de esta labor, mientras tú estabas metido de lleno en el problema de la campaña y tenías que dedicar una parte de tiempo a crear este amplio frente o a mantenerlo prendido con alfileres, quiénes fueron los artífices de estas negociaciones continuas, conciliaciones, puntos de encuentro?

—Porfirio Muñoz Ledo, César Buenrostro, Leonel Durán, Francisco Javier Ovando. Hablando con unos una vez, con otros y así.

—Limando.

—Ifigenia, sin duda, que tenía que estar dedicada a esto.

—Un problema formal: tú en esos momentos eras parmista, por razón de tu adhesión, primera candidatura y lo seguiste siendo ¿hasta qué momento?

—Hasta el momento en que decidimos la creación del PRD, en que yo le comuniqué a Carlos Enrique Cantú, que dejaba de ser miembro del PARM, agradeciendo, desde luego todas las deferencias que tuvieron conmigo como candidato y como miembro del propio partido.

—Después de la conquista de la Universidad, el Politécnico formaba parte de tus intereses esenciales.

—Después de la universidad fuimos al Politécnico y fuimos a Chapingo, donde también había habido sus resistencias para que no hubiese presencia de candidatos; pero al final de cuentas, después de la universidad ya no era muy difícil. Y además, ya no se pedía permiso, si los maestros y alumnos nos invitaban, la propia comunidad no pedía permiso. Una de las primeras universidades que se abrieron fue la de Guadalajara, la de Guadalajara recibió a todos los candidatos que ellos consideraban de la línea revolucionaria o progresista, incluyendo en su momento a Salinas. Habló un representante estudiantil, el presidente de la FEG, también habló como maestro Raúl Padilla, ahora rector. Tuvimos universidades muy cerradas, en la de San Luis Potosí tuvimos que hacer el mitin en la banqueta porque no permitieron la entrada ni siquiera a los recintos universitarios. En la de Querétaro se nos pusieron por parte de las autoridades muchos problemas, en Tlaxcala había muchas dudas, fuimos a un salón en una esquina de la universidad. En cambio hubo otras donde fue sencilla acceder y lograr un fuerte apoyo. En la de Sinaloa, desde que fui como Corriente Democrática tuve acceso a los recintos universitarios y ahí tuvimos varias reu-

101

niones.

—El discurso en la universidad fue un discurso emotivo, pero como siempre en tus discursos fue un discurso ecuánime, leído, no te saliste de… ¿tienes miedo de vez en cuando de salirte de tu propio esquema? y por eso te controlas tanto… porque las emociones debían ser muy fuertes en aquel momento. Aquella plaza era espectacular.

—Son emociones muy fuertes. Prefiero en muchas ocasiones leer porque así por lo menos no se le pasan a uno cosas; es más por no dejar afuera algunas cosas y por decirlas menos mal que de forma libre. De cualquier manera si puedo evitar un micrófono lo evito y lo evitaré.

—Sin embargo las emociones en aquel momento eran tremendas, aquella plaza universitaria era extraordinaria, además en este país donde los símbolos están siempre de pie…

—Sí, pero en esos momentos también hay más responsabilidad y la obligación de decir las cosas con mayor precisión.

—Bien, vamos hacia el cierre de la campaña, los momentos finales de la campaña, después de esta toma…

—Mira, después hubo un desbordamiento por todos lados.

—Pa' un lado y pa' otro.

—Por todos lados, es decir, Veracruz, Puebla, Michoacán… A Michoacán fui, por cierto, pocos días antes de la entrada a la universidad, pero ya fue por todos lados. Partes de Jalisco, Colima, Nayarit, Oaxaca, fueron ya concentraciones muy grandes y sentías el desbordamiento de la gente, ya era palpable cómo la gente estaba participando y viendo en la elección del 6 de julio la posibilidad de un cambio.

—¿Tu creías en esos momentos que tu campaña se había vuelto, de una campaña que abría el debate sobre la democracia, a una campaña que tenía absolutas posibilidades de ganar?

—Desde luego que sí.

—¿En qué momento se produce esta transformación en tu percepción?

—Hacia los primeros días de abril. La percepción de los medios quizá ya fue en junio. Si tú mides, por ejemplo, la concentración que tuvimos el 18 de marzo en el Zócalo y la comparas con la oficial, bueno, había una distancia enorme, en emotividad, la calidad de la participación. Fue Zócalo lleno, prácticamente.

—Sí, yo estuve ahí, recuerdo muy bien que me pasé diez minutos tratando de explicarle a un periodista norteamericano por qué estaba *Superbarrio* al lado tuyo, porque no entendía nada.

—Bueno, ese día yo estaba en el hotel que está frente a palacio, y teníamos que cruzar de ahí a la tribuna, al templete, pues, yo creo que no eran más de cincuenta metros; creo que hicimos como cincuenta minutos, llegamos totalmente apaleados. Hubo otro momento que fue importante, un mitin pequeño, que fue el del día del registro de la candidatura, hacía los primeros días de abril, doce de abril, o alguna cosa así. A mí me llamó mucho la atención porque fue un primer llamado a las fuerzas armadas, necesidad de mejorarles sus servicios, de darles otra presencia en la vida misma del país, de elevar condiciones salariales, de protejer socialmente a las familias, de garantizar vivienda al militar que se retira, etcétera, y esto llamó mucho la atención. De ahí nos fuimos a Bucareli a que el secretario de Gobernación levantara el registro como presidente de la comisión electoral.

—Para un hombre estructuralmente tímido como tú, estas manifestaciones de amor, de cariño, de afecto, que de repente se producían de una manera tan desbordante, cuasi guadalupana yo diría, que...

Cárdenas interrumpe con una risa abierta.

—... que te debían tener las emociones bailando por dentro de una manera muy cruel, ¿no es así?

—Siguen ahí. Permanentemente. Y siguen, y siguen, porque la respuesta de la gente ha sido sumamente cálida y es quizá lo que más estimula y lo que más compromete... también.

—Es cierto. Esta es la otra cosa de la que quería hablar. Según muchos observadores te caracterizaste en la campaña por ser mejor escuchador que orador y era sorprendente como ibas recogiendo... cada vez que entrabas en contacto con un sector social que te apabullaba con sus necesidades, sus problemas, sus demandas, sus perspectivas, días después tú recogías estos planteamientos, te habías vuelto una especie de... gran escuchador. ¿Eras consciente de este papel, de escucha, de que la campaña no sólo era dar esperanzas, hablar, proponer, programatizar, si no, sobre todo, escuchar? ¿Eras consciente o estaba simplemente sucediendo?

—Consciente porque, entre otras cosas, en una campaña se aprende mucho si uno quiere aprovecharlo y además no era la primera campaña en la que yo participaba. Mis campañas como candidato a senador y como candidato a gobernador, fueron con las mismas características: no mitines de acarreo, sino giras muy sencillas, con un grupo pequeño de gente, pero yendo a pueblos chicos y grandes, y, desde luego, los seis años de gobierno en Michoacán y mi propia experiencia profesional me ayudaban.

—Tengo la impresión, y lo digo un poco para provocarte, aunque cuesta muchísimo trabajo provocarte, y que quede constancia en la grabadora, a pesar de lo que diga Carlos...

Se escuchan risas en la grabación.

—Tendrá razón Carlos.

—Tengo la impresión que arrancaste la campaña con ideas muy claras sobre algunas cosas: educación popular, el ejido, las aguas de riego, la democracia como un planteamiento general abstracto... Pero escasas en otros rubros.

—El programa se fue haciendo, se fue haciendo a lo largo de la campaña.

—Pero fuiste sumando muchos elementos, con una gran intensidad, por ejemplo, el problema de la democracia real que se vuelve parte del discurso.

—Que lo empezamos a ver como Corriente Democrática. En realidad la demanda de que el PRI cumpliera con sus estatutos en la elección de sus candidatos, era en el fondo y eminentemente una demanda de democratización, nada más que ni siquiera se verbalizaba como una demanda democratizadora, hasta que fue avanzando esto, bueno, fuimos recogiendo, recogiendo no sé de dónde, pero al final de cuentas recogiendo y procesando todo este planteamiento, que desemboca en la democratización del país, en el sentido más amplio, y esto sí fue afinándose a lo largo de la campaña. Ahora, hay otras cuestiones que por razón natural, es decir, la formación profesional, la experiencia política, uno desconoce, no ha conocido todos los problemas ni ha convivdo con todos los sectores. Hubo propuestas, sin duda débiles en la campaña, la propuesta en torno a las mujeres fue una propuesta débil, no completa, para esta campaña de 93 y 94 tenemos que desarrollar propuestas sólidas en torno a muchas cuestiones que quizá en el 88 no se desa-

105

rrollaron, no porque no se hayan considerado importantes, sino porque a veces la dinámica misma de un
movimiento político lo va arrastrando a uno a tener
que tomar posiciones, primero en unas cosas y luego
en otras y a veces otras no se alcanzan, no da tiempo...

—Un grupo de médicos amigos míos se reunió para crear un comité de campaña tuyo en el Hospital
General y decían: "su propuesta respecto a la medici-
na es muy vaga, pero no importa, es tan clara su propuesta sobre la democratización que lo demás viene
después".

—Así es.

—Porque era claro que al ponerse en el centro el
problema de la democracia, los problemas de la me-
dicina en este país tenían que tratarse democrática-
mente.

—Si tú pones en el centro los problemas de la democracia, si tú pones en el centro los problemas del
nivel de vida, si tu pones en el centro los problemas
de participación, estas hablando de muchas otras cosas, pero ahora tenemos que ser más precisos en todo
esto.

—¿Cuáles serían desde tu punto de vista los puntos más débiles de la campaña del 88 y los más fuertes?

—Una propuesta débil en torno a la mujer, sin duda, a la cultura, a pesar que hubo muchos intelectuales participando, de que se constituyeron organizaciones como el CTAC en ese momento, la propuesta
no logramos elaborarla con toda la fuerza y la pro-
fundidad que hubiera sido conveniente. Ahora, yo
creo que no limitó la participación de mucha gente,
yo creo que mucha gente tuvo confianza en que, por
los planteamientos que se hacían en torno a otras

cuestiones, también en torno a las que no se plantearon con toda la fuerza, iba a haber posibilidades de avance o de al menos caminar en el sentido adecuado.

—Un elemento que nos habíamos estado brincando, la adesión del PMS a tu candidatura, al Frente, ¿cuándo se produjo y cómo se produjo?

—Desde que surgieron las candidaturas, la de Heberto fue la primera, yo creo que fue allá por agosto de 87, cuando ellos hicieron la elección primaria donde contendieron Heberto, Eraclio Zepeda, Antonio Becerra y José Hernández Delgadillo. Mientras tanto el grupo de Unidad Democrática, el Poliforum, el MAS, todos estos grupos de izquierda, fueron haciendo distintos llamados a una candidatura de unidad, que no se llegó a concretar en los primero meses de la campaña, pero el llamado se siguió haciendo y ocasionalmente en distintas ciudades, en distintas poblaciones, pues uno u otro, Heberto o yo, hacíamos un llamado, un tanto abstracto, a la unidad. Yo creo que fue hacia finales de mayo, en Zamora, donde yo hice un discurso reiterando un llamado a una candidatura de unidad. Teníamos entre las manos una campaña muy muy intensa, muy desbordada, la del Frente Democrático. A partir de ese discurso hubo alguna respuesta de los dirigentes del PMS aquí en México, buscaron, si mal no recuerdo, a Porfirio y éste se reunió con Gilberto Rincón Gallardo, que era el presidente del PMS. Tuvimos algunas charlas, entre idas y venidas, aquí en México, en los últimos días de mayo, varias conversaciones en casa de Gilberto Rincón, y alguna conversación con Heberto. Yo no tengo versiones directas de esto y no hablé de ello más tarde con Heberto. No sé cómo hayan ellos, en el PMS, elaborado la posible declinación, desde luego ya en ese momento la única posibilidad era esa, ya no se trataba ni de ir a una elección primaria, ni de que yo pudiera declinar mi candidatura. Estábamos a finales de mayo, Heberto seguía en gira al igual que yo, y en algún momento se nos informó que estaban de acuerdo, que estaba de acuerdo Heberto y estaba de acuerdo la dirección del PMS, en la declinación de su candidatura a favor mío. Se planteó a partir de un documento que nos hicieron llegar, nosotros lo revisamos, hicimos una contra propuesta y finalmente a partir de un par de reuniones se afinó este documento que nos podría dar base para un acuerdo. Y el 6 de junio, si mal no recuerdo, en la colonia Roma en ciudad de México, donde estaban las oficinas del PMS, ahí se suscribió el pacto. De ahí iniciamos un recorrido en donde fuimos juntos a Guanajuato, a Romita, fue el primer sitio donde estuvimos juntos en un acto, después fuimos a Juchitán, en fin, anduvimos en varias partes...

—Vámonos acercándonos al remate de la campaña, esos días que reconoces como días de caos, de ir de un lado para otro, de locura, de desbordamiento, ¿Hubo en algún momento de estos últimos, digamos, mayo, junio, julio, tres meses, alguna aproximación por parte del aparato gubernamental, algún tipo de presión?

—No. Absolutamente ninguna.

—O sea que era como si no existieras. ¿Tu interpretabas esto como: "simplemente consideran que no existo, simplemente están demasiado preocupados y no saben qué hacer"? ¿Detectaron ustedes, y me refiero al núcleo dirigente, algunas preocupaciones, filtraciones informativas, respecto a la tensión que estaba generando tu candidatura en el aparato gubernamental?

—Sí, porque, de algún modo, nunca faltó alguien que nos hiciera llegar documentos que se preparaban para el PRI o para el sector oficial, desde luego de manera muy limitada, pero nos llegaban, de distintas partes. Encuestas de opinión preparadas para ellos, por ejemplo. Pero un contacto directo, que nosotros pudiéramos tener acceso a saber cómo se pensaba del otro lado, realmente no lo tuvimos.

—Preocupaciones respecto al fraude. En estos últimos momentos de cierre de campaña.

—Era evidente.

—¿Se veía venir, había información?

—Era evidente que venía, además no teníamos en realidad conciencia plena de las dimensiones en que podía darse un fraude electoral, ni de la importancia cualitativa, ni de la importancia que tiene el tener cubiertas las casillas. Es decir, claro, el tener presencia en las casillas no te garantiza que el fraude no pueda consumarse, no pueda ejecutarse, pero no estábamos tan conscientes de la importancia que tiene la estructura electoral. Además no teníamos posibilidad tampoco de empujar para que avanzáramos más allá de lo que podíamos avanzar y desde luego el que no haya habido estructura electoral, no justifica ni perdona que se haya cometido el fraude, pero les dimos facilidades.

—Rumores sobre cómo podría plantearse el fraude en estos momentos de cierre de campaña.

—No… no era un tema central, el fraude entra en la conciencia nacional despues del 6 de julio de 88.

—¿Quién fue el primero que te dijo que ibas a ganar esas elecciones?

—No te sé decir, pero…

Risas.

—Así, con esta seriedad con la que lo digo ahora.

—No lo recuerdo. Pero yo lo percibía, yo percibía que íbamos... que íbamos ganando... es decir, cuando en un mitin empezábamos a decir: "somos la mayoría en el país", tú sentías cuál era la respuesta del otro lado, que la gente estaba asumiendo efectivamente que era mayoría. Por una razón, no porque en un mitin hubiera tres mil o veinte mil personas, sino porque la gente sabía cómo pensaba el vecino, cómo pensaba el pariente, por quién iba a votar el del pueblo contiguo, el vendedor en el mercado, el chofer del autobús, es decir, la gente sabía cómo estaban pensando, aquellos con quienes convivía.

—Hasta aquí. En otra sesión hablaremos de las elecciones...

VII. Las elecciones

Se escucha mi voz: 1, 2, 3, 4, 5, 6, 7, 8, 9, 10 probando.

—Vamos sobre el día de las elecciones o el día antes de las elecciones. ¿Dónde pusiste tu cuartel general para esperar los resultados de las elecciones?

—Aquí (*el despacho en la calle de Andes*), estuvimos aquí y teníamos otra oficina en las calles de Georgia. Pero quizá lo más significativo en los días inmediatos anteriores a la elección fue que el día 2 de julio cerramos campaña en Pátzcuaro, fue nuestro último acto de la campaña, el miércoles anterior al día 6 de julio y ese día en la madrugada fue cuando ocurrió el asesinato de Javier Ovando y Román Gil, o sea que los días anteriores a la elección estuvieron marcados por el asesinato de Javier y de Gil. Javier me había acompañado desde los años 70, 71, formaba parte de una generación de la Facultad de Derecho de la Universidad de Michoacán, que mi padre había apadrinado y a la que había obsequiado un aula en una pequeña comunidad, de donde era uno de los miembros de esa generación, en el municipio de Zinapécuaro, Michoacán. Javier había colaborado conmigo en distintas actividades, en el Fideicomiso Lázaro Cárdenas, que tuvo a su cargo la construcción de la ciudad, allá en la zona de las Truchas, estuvo conmigo un corto tiempo como auxiliar en el Senado, me acompañó en la campaña como Senador en el 76, fue el Jefe del Departamento Jurídico Forestal, en los tres años que estuve en la Subsecretaría Forestal, después estuvo por un muy corto tiempo en la Procuraduría de Justicia de Michoacán, en el PRI en Michoacán, después en el Sistema de Radio y Televisión del estado, y estuvo muy cerca, desde que iniciamos la Corriente Democrática. Él tenía a su cargo en la campaña una tarea clave, había creado una red informativa para recibir las primeras informaciones de la elección, montada en casillas seleccionadas en todo el país en los diferentes distritos. Había contado con apoyo en el diseño informático y había montado esta red, estableciendo los teléfonos y la forma de comunicación de los diferentes distritos con la capital, con objeto de que más o menos temprano pudiéramos empezar a tener resultados de la elección. Había gente encargada específicamente de reportar determinadas casillas, que nos hubieran permitido tener una primera idea de cómo iba la votación en todo el país. Desgraciadamente, él conservó toda esta documentación, no la compartió con nadie, la manejó de manera sumamente confidencial; o sea quiénes eran los contactos en tal o cual estado, a qué teléfonos tendrían que reportarse aquí en la ciudad de México y esto fue algo que se extravió, algo que se perdió después de que fue asesinado y, esto fue lo que marcó los días anteriores a la elección. Nosotros fuimos al día siguiente en que él fue asesinado a un mitin frente a Gobernación para hacer la denuncia. El día de la elección fui con Celeste, con mis hijos, Lázaro y Cuauhtémoc a votar; lo hicimos en Polanco, en una casilla que se instaló en las calles de Ibsen y estuvimos atentos recibiendo informaciones de cómo iba la elección, yo me concentré aquí en esta oficina.

—¿Quiénes estaban contigo ese día?

—Estuvimos viéndonos con distinta gente, con Porfirio Muñoz Ledo, con César Buenrostro... Estuvimos esperando información. Hacia la tarde teníamos ya información de muchas irregularidades en todo el país, que nos transmitían todos los partidos. Estábamos en contacto con las sedes de los cuatro partidos y con el centro de cómputo que tenía montado el PMS, con la información que estaba llegando al PARM, al PPS, al propio Frente Cardenista. Cuando se tenía ya certeza de que había muchas irregularidades, yo no sé si Porfirio hizo contacto con Acción Nacional, con Alvarez, hicimos contacto con Manuel Clouthier, acordamos buscar a Rosario Ibarrra, con objeto de reunirnos, analizar juntos la situación y de ahí surgió la idea de formular un documento de conjunto, denunciando las irregularidades y exigiendo limpieza en la elección. Este documento se redactó en el departamento donde vivía Luis H. Alvarez, estuvo Porfirio por parte nuestra, no recuerdo quién más lo haya podido acompañar, estuvo Alvarez, en algún momento estuvimos Manuel Clouthier y yo, y debe haber estado alguien del PRT, yo supongo que Edgar Sánchez. Alrededor de las ocho, nueve de la noche, nos reunimos con Doña Rosario y con Manuel Clouthier, para ir juntos a Gobernación a presentar esta denuncia.

—¿Ustedes tenían algo más que la perspectiva del fraude que se estaba cocinando, tenían además la información que indicaba que se estaba ganado en varios estados de la republica?

—Nos empezó a llegar información poco a poco, que nos permitió configurar una tendencia, llegamos a tener casí el 50% de las casillas reportadas y la tendencia nos mantuvo arriba, unos cuantos puntos, cinco, seis puntos porcentuales por arriba de los votos de Salinas. Aquí habría que recordar que, al final de cuentas, sólo se conocieron en detalle los resultados de treinta mil casillas y nunca se dieron a conocer los resultados en detalle, partido por partido y candidato por candidato, de veinticinco mil, esto es el 45% del total, o sea, cuáles fueron las cifras exactas de la elección después de que se quemaron los paquetes es imposible, imposible saberlo, aún con los votos metidos en los paquetes que ya llevaban su carga, su aderezo, su dosis de fraude, pero hasta donde pudimos tener conocimiento y hasta donde nos empezaron a llegar, no sólo ese día, sino también en los días subsecuentes, dos, tres días, informaciones de otras fuentes, no sólo la fuente oficial, no sólo la información que empezábamos a capturar, nos confirmaba en las tendencias que teníamos. Llegó incluso información en el mismo sentido no sé si del Estado Mayor Presidencial o de la Secretaría de la Defensa, cómo llegó no te sabría yo decir. Empezamos a revisar también cómo se estaban comportando los indicadores de la elección y mientras se fue estableciendo la tendencia, hasta llegar al cuarentaitantos por ciento en los votos era un comportamiento razonable; a partir de ahí se empezó a disparar y empezaron a aparecer curvas que no se dan en ninguna elección real, que sólo en elecciones gravemente alteradas como fueron las de aquí, pueden darse.

—En aquellos momentos se hablaba de 39 para ti y 34 para Salinas, esas eran las cifras que se barajaban.

—En ese orden, 42-36, por ahí andaban las cifras.

—4 o 5 puntos de diferencia.

—4 o 5 puntos de diferencia.

—Con el PAN en tercer lugar, bastante abajo.

—El PAN en tercero con el orden de un 20%.

—¿En qué momento llega a tus oídos la información sobre "la caída del sistema"?

—Esa misma tarde cuando empezaron a dar información de la elección y comenzaron a llegar los resultados del distrito que tiene por cabecera Tula, en el estado de Hidalgo, el PRI dio sus datos, que serían los datos oficiales y los representantes que estaban ahí del Frente Democrático Nacional, sacaron sus actas firmadas. Sorpresa. Nuestros compañeros dijeron, "oiga, esas actas no corresponden a los resultados que nosotros tenemos" y en ese momento "se cayó/-calló", de callar y de caer, el sistema por varios días.

—Una frase que ha recorrido el mundo, porque además resultaba un lapsus muy afortunado de parte del que la emitió: "se cayó el sistema".

La grabadora registra risas.

—Se cayó el sistema. Sí, esto no le gustó mucho a los que habían vendido todo el equipo de cómputo, la Burroughs Unisys. Parece que cuando el gobierno atribuyó a fallas en el equipo de cómputo, ellos quisieron protestar, y por los rumores que corren, parece que hubo por ahí alguna cantidad importante, cinco o más millones de dólares para que no se hiciera ningún ruido respecto a la caída del sistema y a la callada del sistema.

—Con lo que al paso del tiempo se ha sabido sobre la caída del sistema, ¿puedes reconstruir la mecánica central de lo que fue el fraude, en estos momentos?

—Sí, el fraude se hizo, todavía de manera burda en las casillas donde no había representación o donde se echó fuera a la representación democrática, a punta de pistola, ahí se despacharon con la cuchara grande y ahí fue el fraude a la antigüita, con tacos, rellenando las urnas, robándose las urnas, cambiándoles el contenido en el camino, etcétera, etcétera. Había otras formas como "los carruseles", todavía formas burdas. Cuando empezamos a conocer los resultados de la votación, ya a nivel de los distritos, se nos apareció con que en cada uno de los trescientos distritos había casillas, donde sí se había dado el resultado y casillas donde nunca se dio a conocer el resultado, que quedaron para siempre ocultas. El resultado distrital se dio arbitrariamente, y para establecer el resultado de las casillas que no se habían dado a conocer, pues simplemente se hizo una operación de resta, resultado distrital, menos casillas conocidas, igual a casillas desconocidas. Ahí empezaron a salir cosas muy extrañas, empezó a salir, por ejemplo, que en las casillas conocidas, el PRI (hablo de los casos extremos) tenía 30% de los votos y en las casillas desconocidas 104%, esto es, había que quitarle votos a los partidos para ajustar el resultado distrital y esto se dió en un buen número de casillas; además, en un mismo distrito como si se hubieran dado dos elecciones totalmente distintas. Había otros casos, por ejemplo, el de las casillas que se les llaman "bis" de una misma sección electoral, ahí en vez de hacer una división geográfica, la gente que está en tales manzanas vota en una casilla, la que está en otras, vota en otra, se hizo otra división: el padrón de la A a la L vota en una y de la M a la Z vota en otra. Y entonces se dieron casos dentro de la mecánica del fraude en que los de la A a la L votaban de un modo y los de la M a la Z votaban de un modo totalmente distinto, cosa que sólo en la elecciones de México se ve, o sólo en elecciones fuertemente alteradas se puede ver, porque no correspondían ni a un patrón social distinto, a una politización diferente, a una composición clasista (una zona eminentemente obrera o estudiantil). Partiendo el padrón por orden alfabético, no había ninguna posibilidad de que se diera una caracterización distinta en un caso y en otro.

—Y el fraude electrónico encima de eso.

—Todavía no, el fraude electrónico se empieza a poner en práctica hasta 1990, en la elección municipal extraordinaria de Uruapan, en Michoacán.

—Sin embargo la caida del sistema era un prólogo al fraude electoral...

—Desde luego. Hay un fraude electrónico en cuanto a que ellos tenían resultados deseados antes de las votaciones y para mantenerlos aunque la gente hubiera votado de otra manera... Un primer resultado que tuvieron que ajustar fue el de los "veinte millones ja ja ja", que luego se volvió canto y burla en las demostraciones. Los veinte millones de votos que ofreció De la Vega al PRI y que finalmente llegaron a nueve. O sea que el primer ajuste lo tuvieron que hacer de veinte a nueve, pero para integrar los nueve millones, hubo que inventar trescientas cifras distritales, entonces, ahí ya tuvieron desde luego que jugar con los números, con la computadora y por eso no ajustaban las casillas desconocidas, las casillas que no se dieron a conocer. Primero porque no correspondían a la realidad y segundo porque tuvieron que hacer todo tan precipitadamente que ni pudieron hacer bien una resta, una operación elemental de la aritmética.

—¿Cómo caracterizarías tu situación anímica en estas primeras horas, después de que empiezan a conocerse los resultados, se ven las tendencias, se ve el triunfo que está ahí y al mismo tiempo el fraude? ¿Desconcertado, confirmado en tus previsiones?

—Confirmado en las previsiones y, desde luego,

117

ante la perspectiva de una lucha en el terreno cívico político que tenía que seguir.

—¿Eres un hombre que se enfade fácilmente?

—Pues sí, de repente sí.

—De repente sí te enfadas, estabas muy enfadado ese día, se te salió…

—Bueno, estábamos muy preocupados y, desde luego estábamos, no sólo yo, quienes estábamos conociendo y compartiendo esta información, preocupados porque había una responsabilidad. No se podía simplemente decir: "Bueno, ya nos pegaron y ni modo, a nuestras casas", teníamos que dar una respuesta distinta que permitiera que el movimiento no quedara aniquilado con el resultado electoral oficial y que nosotros mismos tuviésemos una respuesta que dar en nuestra calidad y responsabilidad de dirigentes.

—En la respuesta que el funcionariado múltiple y variado gubernamental dio a las presiones que ustedes ejercieron, a las preguntas, a las dudas, a las conversaciones, ¿se salió alguien del libreto alguna vez?

—No que yo recuerde.

—¿Se filtró información de lo que verdaderamente había pasado?

—Nadie, al menos no conmigo. Nadie de los que tenían a su cargo en todo caso la responsabilidad del manejo de la cuestión electoral.

—Nadie se atrevió a decir: "Bueno, ganaron, pero no se los vamos a reconocer".

—Nadie.

—¿Los responsables del fraude?

—Evidentemente en primer lugar el presidente de la república es responsable de las decisiones que ahí se tomaron, Miguel De la Madrid. También Manuel Bartlett, como secretario de Gobernación y Presidente de la Comisión Estatal. José Newman, que era el Director del Registro de Electores y responsable de todo el manejo del centro de cómputo y de la información electoral, y quienes hayan estado con él, acompañándolo en esto son sin duda corresponsables de la alteración de los votos y de los resultados electorales en el 88.

—En términos de opinión pública, pareció quedar claro, a aquellos que se interesaron por hacerse la pregunta a sí mismos en voz alta, o simplemente reflexionar sobre ello, que habías ganado las elecciones. Segundo, que era imposible saber cómo las habías ganado porque el fraude se había montado sobre el fraude, que a su vez se había montado sobre el fraude.

—Nosotros nos hemos encontrado después de la elección, o a partir de las jornadas que se hicieron de defensa del voto, a partir del mismo julio de 88 y posteriormente recorriendo distintas partes del país, nos hemos encontrado con regiones donde yo prácticamente no hice campaña, regiones donde nunca hice campaña, donde me dicen, aquí se ganaron casillas y aquí estamos seguros que se ganó la elección, porque la gente sabe cómo votó el vecino, cómo votó el compadre, cómo votó la familia, etcétera, y en pueblos chicos, en el barrio, la colonia, la gente sabe exactamente cómo se mueven las cosas, se platican.

—Quizá la gran confirmación de tu victoria electoral es la quema de los paquetes electorales...

—Nunca quisieron abrirlos, nunca quisieron revisarlos, nosotros en algún momento propusimos que se hiciese una muestra estadística, una investigación bien diseñada, con base científica, que seguramente tendría que haber utilizado información de unas mil casillas. Nosotros hablamos en aquel momento de mil

119

casillas, de las cincuenta y cinco mil que había en el país, que se pudiese hacer una selección de esas mil casillas, revisar los resultados y atenernos a lo que saliera de ahí. Esto lo estuvimos hablando con gente del PRI, entre otros con Manuel Camacho. Representantes nuestros estuvieron hablando con él, en un par de ocasiones estuvo él hablando conmigo, habló con otros dirigentes del Frente Democrático y finalmente nunca accedieron a que pudiéramos revisar los paquetes o hacer esa muestra que nos hubiera permitido saber cual era la tendencia dominante en la elección de 88.

—La elección de 88 se ha pasado de repente a convertir en uno de los misterios múltiples en la historia de México por vías de este sistema de fraude acumulado, sin embargo tanto para la opinión pública, como para los partidarios de tu candidatura, la victoria parecía evidente y las primeras respuestas sociales así lo indicaban, porque fueron casi inmediatas.

—Sin embargo no había en ese momento capacidad de articular una movilización nacional, una movilización simultánea en las principales ciudades, esto es, el Frente Democrático no logró consolidar su propia dirección y no logro que los acuerdos tomados en la Dirección Nacional, se pudieran transmitir a las bases, no diría yo necesariamente que por mala fe o por bloqueo de ninguna persona. Era que los propios partidos, las propias organizaciones sociales, no tenían la estructura suficiente, la estructura mínima indispensable para articular acciones de la envergadura que se requerían para que una movilización en el 88 hubiese impedido la consumación del fraude.

—Sin embargo se produjo un continuo de movilizaciones que duró dos años.

—Muy, muy importante, los tres o cuatro meses posteriores a julio de 88, produjeron quizá la mayor concentración que se haya visto en la historia de la ciudad de México, no recuerdo si fue el 14 o 16 de julio por una protesta justamente por el fraude de la elección. Y hubo concentraciones sumamente importantes en Jalapa, en Chiapas, en distintas partes del país.

—Cuando revisabas en el mapa electoral de estas elecciones, descubrías que la franja del centro del país había sido Cárdenista, de una manera definida, clara, mientras que el sur era confuso y el norte era menos claro, con mayor influencia panista en la disidencia.

—No lo veo igual que tú. Por ejemplo, yo estoy seguro que se ganó Quintana Roo, que se ganó Chiapas. Chiapas fue uno de los estados donde se hizo el fraude mayor, por atraso social, porque no había organización política, pero si vemos las movilizaciones que se dieron después, inmediatamente después de la elección federal, cuando vinieron las de gobernador y las municipales de Chiapas, en la municipal había una intensidad de movilización, tan fuerte como en cualquier otra parte, como las que se dieron en La Laguna o como las que ocurrieron en Michoacán o en Guerrero. Hubo estados movilizados también de manera extraordinaria como Veracruz, como Puebla; o sea que en el sur hubo una movilización muy importante. Se ganó desde la franja central, digamos Colima, Nayarit a todo el estado de Veracruz, con todo lo que se atraviesa en medio, las zonas rurales de Guanajuato, algunas zonas importantes de Queretaro, de Hidalgo. Hubo respuestas, apenas ahora nos estamos enterando, que fueron favorables en su momento al Frente Democrático, se ganó Baja California Norte, hubo un avance importante en Baja California Sur, en las franjas fronterizas de Tamaulipas, en fin, había una presencia de hecho en todo el país.

—Sin embargo lo espectacular era esta combinación de zonas agrarias con el gran centro urbano, o sea el Distrito Federal más la zona periférica del Estado de México, era una especie de expresión de dos Méxicos absolutamente diferentes y ahora unificados, tan es así que tuvieron que reconocer que ganaste el Distrito Federal.

—Esto habría que revisarlo, se ganaron nuchos más distritos, pero los candidatos a diputados fueron divididos: El caso típico es el Distrito Federal. En el Distrito, el Frente Democrático gana la elección presidencial en 38 de 40 distritos y sólo obtuvo las diputaciones de Miguel Aroche, Jorge Gómez, Marcela Lombardo, cuatro o cinco en el mejor de los casos, si no es que tres, en vez de treinta y ocho. Una cosa similar nos pasó en muchas otras partes del país, se ganó la elección, pero al ir divididos, esto no se reflejó en los resultados, por ejemplo, se ganaron de hecho los diez distritos de Guerrero, se ganaron las dos terceras partes de los distritos de Veracruz (aunque en Veracruz fue de los sitios donde se hizo el fraude mayor, ahí era gobernador nada menos que Gutiérrez Barrios, que repite el fraude en la elección municipal del 2 de octubre de 88).

—Estos primeros días, estos resultados en la mano, la presión de la propia base que había creado tu candidatura, la indignación popular, la movilización múltiple, esta sensación justificada de victoria robada, la decisión de la primera estrategia, hay presiones hacia ir a formas de desobediencia civil, al no reconocimiento del presidente impuesto, hay una especie de debate subterráneo en el interior del Frente, complicado en cuanto a decidir "¿y ahora qué?"

—Básicamente nos fuimos por la vía de la movilización, a tratar de mover el país y se hizo un recorrido rápido por las principales zonas del país y se empezó a buscar un camino. Por ejemplo, cuando se intentó una medida, que podría ser de resistencia o de protesta ciudadana, vimos que no obtuvo respuesta. Era difícil transmitir, con la estructura del Frente, las propuestas de resistencia. Por ejemplo, nosotros en algún momento dijimos: "Todo mundo a apagar las luces de las ocho a las ocho y media, o a las ocho y cuarto y todo mundo con un listón tricolor". Y se dio, desde luego en la gente cercana, en los dirigentes, en la gente más consciente políticamente, pero no fue una instrucción que realmente repercutiera masivamente, como pensábamos que podía haber repercutido, o que debía haber repercutido. Entonces, esto nos empezó a dar medida de que donde estaba el candidato, donde había promoción, las cosas se movían y se movían fuerte, pero más allá era difícil articular una acción simultánea en el conjunto del país. Fue entonces que empezamos a pensar en la necesidad de un partido.

—¿Un partido de la Corriente Democrática?

—Nos lo planteábamos, entre otros, quienes estábamos en la Corriente Democrática, quienes veníamos de la Corriente Democrática. ¿Con quién nos vamos o qué camino tomamos?

—Hay un largo periodo en que no se reconoce la situación de facto. No se reconoce a Salinas como presidente electo, puesto que no lo es, y se mantiene una especie de... Pero no se lleva al límite esta propuesta, decir: No lo reconocemos y por lo tanto me autonombro presidente y hago gobierno en las Islas Marías, por decir cualquier locura. ¿Es esta sensación de debilidad orgánica la que impide dar un paso como éste? ¿O nunca se barajó esta posibilidad?

—No se planteó esa posibilidad. Nunca pensamos que pudiera triunfar un gobierno paralelo. Y nunca lo vio nadie como una alternativa real: crear un congreso paralelo, que ese congreso decretara quién había ganado o nombrar a un presidente interino, desconociendo a De la Madrid en aquel momento. Ese camino no se planteó, se decidió participar, con todos los riesgos en el congreso y la calificación de la elección del congreso. Sentimos en aquel momento, que en general los partidos no hubieran seguido un camino que no fuera el de que se les reconocieran los diputados que podían lograr, aún por la vía plurinominal. No se discutió, debo decir que no se discutió, porque no se consideró viable siquiera plantearles a los partidos el no ir a la integración del congreso, entendiendo que una parte del congreso era un congreso que tenía legitimidad y otra parte era un congreso impuesto y ambas partes tendrían en su momento que compartir responsabilidades y decisiones.

—Se dijo mucho en aquellos días, yo recuerdo, el gran desconcierto que el aparato gubernamental tenía, porque no se esperaba lo que sucedió y tuvo que improvisar sobre la marcha y construir sobre la marcha una parte del fraude, pero tuve también la sensación, al asistir a la primera gran movilización a mediados de julio, de que también nosotros estábamos desconcertados y sorprendidos. Uso mal la palabra, no "desconcertados", no no había desconcierto, había sorpresa, nos mirabamos unos a otros y decíamos: "pero ¿deveras somos tantos?, pero ¿deveras ganamos?" Para muchos porque pensamos que este era el inicio de un largo proceso y que tendría un carácter más testimonial que práctico; para otros

124

porque nos descubríamos de repente no reconociéndonos en fuerzas que nunca habíamos visto. Ante la llegada de un grupo de campesinos veracruzanos, decíamos: "¿de dónde salieron?" Uno podía saber que aquí estaban los barrios del DF, los conocía, los había visto, pero esta, incluso sorprendente, unidad que se reflejaba en aquellos templetes, donde había sesenta dirigentes del Frente, pero que representaban de todo, todas las variantes de lucha social, política... ¿Cómo percibiste ese momento?

—La movilización era efectivamente muy fuerte, muy intensa y muy plural, en todos los sentidos plural, ideológicamente, geográficamente... La gente respondió y vio en la movilización un elemento que podía forzar las cosas, pero no se tuvo la fuerza para imponerse al aparato del estado, porque éste logró mantener bajo control sus elementos principales, a todas las fuerzas represivas, policías ejercito, es decir a toda la fuerza pública, más el aparato administrativo del estado, que se tambaleó pero no llegó a caerse, ni siquiera a agrietarse de manera seria.

—Sin embargo, podríamos decir que el sorprendente voto a tu favor en las casillas de las cercanías del Campo Militar numero uno, el voto burocrático insurrecto que se podía ver en zonas de vivienda de burócratas, como unidades familiares, representaban resquebrajamientos interesantes en la estructura del sistema, en las bases del sistema.

—En las bases, pero no en las partes superiores de estas estructuras.

—¿Ningún funcionario, medio superior, o superior se acercó al Frente en ese momento?

—No en ese momento, yo estoy seguro que altos funcionarios votaron por mi candidatura, incluso más de alguno lo ha confesado por ahí en reuniones sociales, pero nadie dio un paso.

—Me da la impresión, hablando contigo, de que eres un hombre que mide el largo plazo, no sólo el corto plazo, y que te preocupa la continuidad cuando tomas una decisión; o sea no lo que va a pasar mañana, que está librado a fuerzas e inercias sociales, sino qué va a pasar dentro de seis meses, dos años, tres años. Pasaste en un período verdaderamente corto de priísta disidente, a caudillo de un fenómeno democrático popular de raíces profundas, ganador de unas elecciones presidenciales y presidente sin silla de palacio porque... Fuiste cuatro personas en un lapso muy corto, sin embargo, en el primer discurso que yo oí, que fue este de mediados de julio, parecía que estaba hablando alguien que había tomado la decisión de embarcarse en un proyecto de largo plazo, por la conquista de una democracia que quién sabe cuánto tiempo podía tomar... ¿Cómo generas este fenómeno de conciencia, viéndote a ti mismo? Yo sé que no es una pregunta, a veces hago mucha metafísica, pero si no te ando buscando en las esquinas, sales con el lugar común y te libras de mí con un capotazo.

—No es fácil, no es fácil reconstruir, cuál haya sido el proceso de mi pensamiento, en primer lugar te diría que fue un proceso de reflexión colectiva, no fue un proceso de reflexión individual; quienes habíamos tomado la responsabilidad de coordinar los trabajos de la Corriente Democrática, estuvimos muy cerca de todas estas decisiones, desde luego las compartimos mucho con quienes se fueron sumando al Frente Democrático y quienes fueron tomando también una mayor definición y por lo tanto una cercanía con quienes veníamos de la Corriente, pero lo primero que vimos fueron los límites del Frente Democrático, que era una propuesta de los partidos, y los par-

126

tidos planteaban, o algunos partidos, el Partido Popular Socialista, el Partido del Frente Cardenista (no recuerdo de ningún planteamiento en particular del PARM, aunque creo que haya coincidido al final con ellos), planteaban: "Mantengamos el Frente Democrático, con dos niveles de decisión: el nivel de los partidos, más la Corriente Democrática y el nivel de las organizaciones sociales", que así no entrarían en las decisiones fundamentales donde estarían sólo los partidos. Entonces esto era muy difícil para nosotros. No podíamos aceptar ese esquema de organización del Frente, o el esquema que planteaba el PPS, que en algún momento decía: "Es que el Frente se crea y desaparece en cuanto hace falta, o en cuanto es necesario". Es decir que se constituye para cosas específicas y se deshace de hecho todos los días. Eso era también un esquema muy difícil para nosotros de entender. ¿Qué hacer con un organismo que a veces está reunido y a veces no? ¿Qué comparte y qué no? A partir de ahí empezamos a ver por dónde podíamos seguir, es decir, si seguíamos por ahí, el Frente Democrático iba a ser simplemente una entelequia donde nos quedaramos los dirigentes, hablando con los dirigentes de los partidos y sin nadie en la base, porque la Corriente Democrática no estaba estructurada. Sabíamos que teníamos que ir a un proceso de organización y de estructuración de una fuerza, de una fuerza política. Cuando nosotros pensábamos en la Corriente, la veíamos en las mismas circunstancias en las que estaban muchas de las organizaciones sociales que se habían sumado al Frente Democrático, incluso partidos sin registro, en aquel momento el Partido Verde, el Liberal, el Social Demócrata (éste tenía un poquito más de estructura, había perdido su registro en el 82 cuando de manera arbitraria se lo

quitaron después de la elección federal de 82), en fin.
los partidos que planteaban el Frente como algo acci-
dental tampoco tenían una estructura de base. Así
pues veíamos la necesidad de darle cuerpo y articula-
ción a todo un movimiento políticosocial muy amplio, que estaba mucho más allá de los partidos, que
iba mucho más allá de los partidos que tenían registro. Veíamos que venía una lucha larga, que se apro-
ximaba una lucha no fácil, y entonces se empezó a
pensar en cómo conformar un cuerpo político. ¿Qué
tipo de estructura política podíamos desarrollar? Fue
cuando nos planteamos la posibilidad de emprender
la formación del PRD, es decir, de lo que ahora es el
PRD. Ahí encontramos una respuesta decidida del
PMS, el último partido que se sumó al Frente democrático, encontramos una respuesta cauta del PARM
que dijo: "Estaremos, ayudaremos y según se avance, veremos si nos incorporamos o no". El PPS
siempre dijo: "Yo no voy a disolverme, yo no voy a
cambiar mi posición", y así procedió y nosotros lo
entendimos; además el Frente Cardenista empezó,
poco a poco, a acercarse al gobierno de manera muy
abierta. Entonces, el proceso de pensamiento fue ese,
qué podíamos hacer y qué teníamos que hacer, y dimos como salida un camino no fácil, una ruta no ple-
namente satisfactoria de formar un partido. Lo que
sabíamos era que no podíamos abandonar la lucha, lo
que sabíamos era que no podíamos decir: "Bueno, ya
nos rompieron la cabeza y aquí nos vamos cada quién
a nuestra casa a ver en qué la hacemos ahora, de aquí
en adelante". Sabíamos que había un compromiso
con un movimiento político, sabíamos que había un
compromiso con mucha gente, y que teníamos que
seguir con esa gente adelante o con la gente que
quisiera seguir hacia adelante con nosotros.

Abril de 1981, una gira a caballo por la zona de Huizontla.

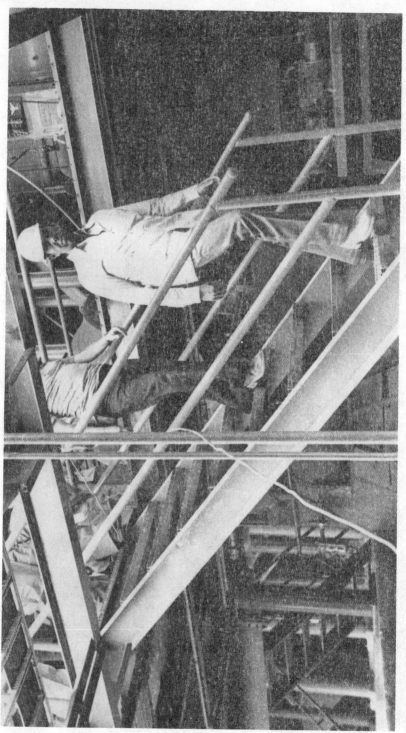

En instalaciones de Pemex, 1982.

En el santuario de las mariposas Monarca, febrero del 82.

Develación de la estatua de Lázaro Cárdenas en Madrid, noviembre de 1983. (A la izquierda de doña Amalia, Enrique Tierno Galván,

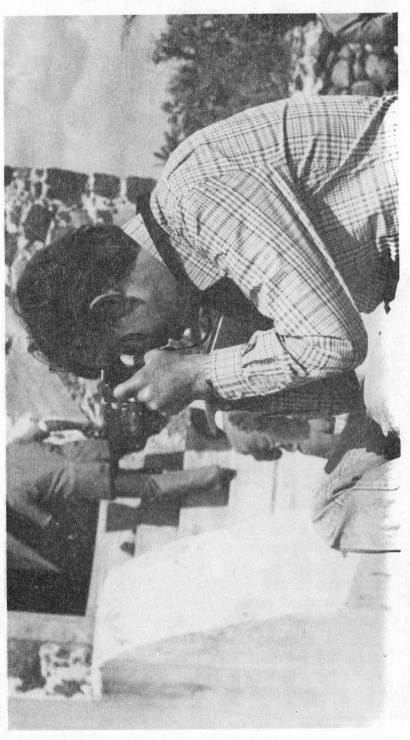

A mitad de los 80, Cuauhtémoc fotógrafo.

Junio del 85, en Cuitzeo.

En el lago de Pátzcuaro en 1986, con Celeste.

La campaña disidente, Morelia, noviembre de 1987.

—Es curioso el esquema de esta visión del largo plazo. ¿Alguna vez te paralelizaste con Allende y con sus múltiples ataques a la presidencia chilena hasta la victoria?

—No, realmente no.

—¿Ni quieres? Ni lo hiciste, ni quieres.

Cárdenas se ríe abiertamente. Debe estar pensando no sólo en la terquedad de Allende, sino en su final trágico.

—No. Desde 86 en que surge la Corriente Democrática, desde que se establecen los términos de la lucha con el discurso de De la Vega, nuestra respuesta, sabíamos que íbamos a un enfrentamiento con todo un sistema político, es decir, que no era un enfrentamiento simple. Para ellos estaba en juego el sistema y para nosotros también. A lo largo de la campaña vimos el desbordamiento de los sectores populares, la gente que trabaja en el campo, en las fábricas, en las universidades, la gente que hace trabajo intelectual, serio, que no vende conciencias, esa gente se desbordó en todo el país, gente que había estado en distintas organizaciones, pero lo que no vimos fue el resquebrajamiento de arriba, el que era embajador se quedó de embajador, y el que era subsecretario se quedó de subsecretario, y muy amigos en muchos casos, pero no se movieron y tampoco vimos que se movieran otros sectores, esto es, el ejercito, la iglesia, el gran empresariado no se movieron, independientemente de simpatías e independientemente en el caso de la iglesía de que quienes están o quienes han participado en las comunidades eclesiales de base, desde un principio estuvieron sumados al movimiento democrático, de que empezamos a tener pláticas con algunos de los obispos progresistas.

—¿Quiénes?

—La primera vez que fui como Corriente Democrática a San Cristóbal, tuve una larga charla con Don Samuel Ruiz, desde luego, nadie pensaba que él o algún otro obispo o sacerdote fuera a incorporarse al movimiento político, pero tuvimos una larga charla, yo creo que él tenía muchas dudas respecto a lo que podía ser la Corriente Democrática, lo que podíamos ser quienes estábamos ahí metidos, yo entre ellos, a dónde queríamos llegar, sin embargo había coincidencia en el lenguaje y las preocupaciones, por lo menos en lo que externábamos. Él me estuvo platicando en esa ocasión de cómo se había dado la represión a los campesinos de Chiapas, cómo el gobierno de Absalón, como jefe de zona, Absalón como gobernador, había atacado militarmente a comunidades indígenas, para proteger los latifundios, para expulsar campesinos, arrebatarles tierras, dárselas a los latifundistas, etcétera.

—Tu valoración de Clouthier en estos momentos de la victoria y el fraude, en los primeros días del enfrentamiento.

—Decidido a buscar que se respetaran los votos, que se respetara la elección; muy presionado para adoptar una posición más cauta, es decir, menos impulsiva, por parte de la dirección nacional del PAN, por Diego Fernández, por el propio Luis Alvarez; desde un principio convinimos en que podíamos intercambiar informaciones electorales; nunca el PAN nos pudo dar un resultado electoral, nunca compartió una sola cifra electoral con nosotros. Yo tengo una impresión positiva, muy favorable de Manuel Clouthier como persona, como gente decidida a buscar un cambio, pero que en un momento dado se vio muy condicionado por el aparato de su partido, que no campartía con él esa misma actitud decidida, no le

130

llamaría yo impulsiva (él lo era), sino decidida a buscar respeto al voto y la posibilidad de un cambio democrático. Un hombre con conocimiento de los muchos problemas del país, formado, desde luego, en otra escuela política, con poco oficio político, si así lo queremos llamar, que lo suplía con su agresividad, con el carisma que tenía como dirigente político.

—Tu valoración de Salinas en esos momentos.

—La misma que puedo tener actualmente. Un hombre totalmente apegado al sistema, dispuesto a pasar sobre cualquier principio, independientemente que sea correcto o incorrecto, política, ética o moralmente. Nunca lo traté mucho. Lo conocí como Secretario de Programación, lo traté entonces estando yo en el gobierno de Michoacán, siempre un trato atento y cordial, nunca una amistad personal o familiar, lo vi como funcionario cuando traté de obtener algunas cosas, más allá de lo de cajón para el estado, nunca tuve respuesta ni de De la Madrid, ni de otros funcionarios, de él mismo como responsable de las asignaciones presupuestales; por lo demás, repito, siempre tuvimos una relación de respeto y de cordialidad como funcionarios que sólo en ese plano nos tratamos, pero yo siempre lo vi como un hombre totalmente del sistema, esto es, que aceptaba lo bueno y lo malo, que se movía más allá de los principios, que no tenía una convicción, ni carácter o sentido revolucionario. No era un demócrata.

—¿Nunca lo viste después de las elecciones?

—No.

—Bien, nos queda ahora movernos hacia el proceso de resistencia civil y a la fundación del PRD. No sé si empezar esta parte hoy...

—O la dejamos.

—O la dejamos. Como quieras.

—Si quieres la dejamos porque me voy a traer, este…

La grabadora deja de funcionar, la siguiente parte de la entrevista nunca se realizará.

Epílogo

Y si: Cuauhtémoc, Presidente

Si Cuauhtémoc Cárdenas ganara las elecciones, ¿cuál sería la primera ley que firmaría? ¿Qué fotografía llevaría bajo el brazo al entrar por primera vez al despacho presidencial? ¿Habría algún ministro priista en su gabinete? ¿Qué le diría a Clinton cuando éste llamara por teléfono? ¿Cómo sería su jefe de prensa? ¿Cuál su relación con la televisión? ¿Se iniciarían investigaciones sobre los sucesos del 2 de octubre del 68 y sobre el 10 de junio del 71? ¿Firmaría una ley aumentando el salario de los profesores de primaria en su primer día de gobierno?

—*Vamos a suponer durante un par de horas que no sólo ganaste las elecciones, sino que fuiste capaz de superar un fraude electoral y que sorteaste el periodo de transición, y que hoy, ahora, es tu primer día como presidente; que estás entrando a palacio nacional. Sé que esta es una entrevista incómoda, que hay que hacer un esfuerzo de imaginación, que voy a hacer preguntas cuyas respuestas están en el futuro de estos sucesos hipotéticos, que resultan comprometedoras, extrañas; pero creo que recojo el eco de mucha gente que se pregunta: "Y si Cuauhtémoc resulta presidente, ¿cómo será esto?" Gente que ha puesto sus anhelos en tu figura como presidente, personas quieren concretar en su cabeza esa imagen. Ahora bien, hay una condición: ¿lo crees posible? ¿Podemos hacer esta entrevista?*

—Estoy convencido, y no es una actitud voluntarista, sino el partir de la experiencia que he vivido en estos dos últimos años, el encuentro con la gente y las respuestas muy alentadoras de muchas personas, que quien resulte candidato de las fuerzas democráticas, y a estas las veo como un agrupamiento de muchos ciudadanos, partidos políticos como el PRD, grupos sociales, personajes de la academia, intelectuales, artistas, gente que está en los movimientos sociales urbanos, rurales, en demanda de servicios, vivienda, de crédito agrícola, mexicanos sin partido; creo que quien sea candidato de esta fuerza, que no tengo duda se articulará a lo largo de los meses hasta agosto del 94, va a ser quien efectivamente gobierne el país en el próximo sexenio. Yo no tengo duda. La gente está decidida, la gente no va a tolerar un nuevo atropello. Y hay por otro lado logros en estos años, hay una toma de conciencia de sectores muy amplios de que pueden hacerse las cosas; la gente va a participar, porque yo creo que entenderá agosto del 94 como un nuevo momento para definir el rumbo del país. Se llegará con mejor organización, con más estructura de la que había en julio del 88, con una posibilidad de articular acciones y movilizaciones mucho mayor de la que había en el 88. Entonces, estoy seguro de que quien sea postulado por las fuerzas democráticas, y yo puedo ser esa persona, será quien inicie gobierno el primero de diciembre del 94.

—*Te voy a pedir un esfuerzo de imaginación dentro de este marco que acabas de establecer. Imagí-*

nate que inicias gobierno el primero de diciembre.
¿Dónde vas a tener tu oficina?, ¿en Los Pinos, en
palacio? ¿Vas a romper las tradiciones?

—Bueno, necesariamente en Palacio Nacional.
Hay que entrar por la puerta de honor, con la guardia
que está ahí, y con el rutinario sonar del clarín.

—*¿Vas a hacer algún cambio? ¿Vas a poner una*
nueva foto en tu despacho? ¿Vas a poner alguna ima-
gen que te recuerde todos estos años de lucha?

—No recuerdo, hace ya varios años que no estoy
por la oficina presidencial... Estuve ahí en mi calidad
de gobernador, con Miguel de la Madrid como presidente. No recuerdo exactamente qué adorna esa oficina, el mobiliario debe ser el mismo que se tiene hace mucho tiempo, pero no sabría exactamente, no lo
recuerdo... Pero evidentemente voy a entrar con una
foto de mi padre. La colgaría en el momento en que
entre a esa oficina.

—*¿Alguna foto en particular?*

—No lo sé, no lo sé todavía...

—*¿Algo más te acompañaría simbólicamente en*
este ingreso?

—No lo sé, la verdad, no lo había pensado.

—*Si ahora te pidiera que pensaras quién será tu*
secretario particular, sentado en la antesala, ¿tienes
alguna idea de quién sería?

—.... un equipo de trabajo que me ha acompañado
desde hace muchos años. Desde los 60, hay un equipo básico que me ha venido acompañando en labores
de oficina, de apoyo secretarial de trabajo, de apoyo
a mis actividades privadas, y esa gente sí estaría allí.

—*Si yo fuera a hacerte esta entrevista, en ese pri-*
mero de diciembre, tendría que haberla solicitado a
través de un jefe de prensa, de esta figura que ha re-
sultado tan nefasta en los últimos años, la "comuni-

*cación social de la presidencia", el jefe de informa-
ción, el que controla los medios. ¿A quién hubiera
tenido que pedirle esta entrevista?*

—No lo sé, pero quien vaya a estar allí en esa función, no lo será para ejercer ninguna labor de control
ni ninguna labor de censura. Será para abrir oportunidades y para dar la información que objetivamente
tiene que darse desde una oficina como es la presidencia de la República.

—¿Será un profesional, será un periodista?

—Una persona que conozca el medio y al mismo
tiempo con visión política. Una gente que no maneje
recursos, que no sea verdulero, no habrá chayotes
allí...

*—Las primeras preguntas que se me ocurre formu-
lar a un nuevo presidente tienen que ver con mis angustias y mis obsesiones. Yo sé que si fuera campesino, o hubiera participado de los conflictos de los
pequeños comerciantes estaría preguntando otras cosas, pero... Angustias que tienen que ver con el pasado y luego el presente. Respecto al pasado yo le
preguntaría al presidente de México, ¿se van a rea-
brir los expedientes de todos estos casos negros de la
historia reciente de México? ¿Quién dio la orden de
disparar en Tlatelolco? ¿Quién organizó la masacre
del 10 de junio del 71? Son mis expedientes, los de
mi generación, las investigaciones que nunca se hicieron, las investigaciones que desaparecieron.*

—Si queremos establecer una nueva convivencia
entre los mexicanos, si queremos realmente partir de
una relación en que lo que prive sea la verdad y sea
franca entre distintos sectores de la sociedad, tenemos que revisar efectivamente donde nos encontramos, y no pueden quedar para ningún ciudadano o
sector importante de la población puntos oscuros.

Estas investigaciones por tanto, tendrían que reabrirse. Sí, estamos hablando del 68 y del 10 de junio, pero también de los años 70 donde tanta gente desapareció y muy pocos han reaparecido. Muchos cuya presencia todavía se reclama. Nosotros no podemos aceptar que en México se hable de la existencia de "desaparecidos". La gente no se esfuma. Estas tendrían que ser acciones centrales para cerrar heridas, si es que esas heridas puedan cerrarse. Hay que establecer, fincar responsabilidades. Algunas serán sobre quienes ya no están vivos. Y cerrar ese expediente que nunca debió haberse abierto en nuestro país.

—*Entre los expedientes desaparecidos está el de las elecciones presidenciales pasadas, donde la oscuridad llega a tal grado, que yo creo que ni siquiera los que cometieron el fraude saben ya cuáles fueron los resultados reales, porque al acumular informaciones falsificadas el fraude, éste se fue convirtiendo en una maraña de mentiras acumuladas. ¿Se abrirá una investigación sobre aquellas elecciones, o lo dejaremos como parte del pasado resuelto por estas nuevas elecciones?*

—La verdad es que si alguien quiere investigar, sería bueno que se investigara. Sería bueno conocer los detalles de aquel fraude. Sin embargo conocemos finalmente lo esencial, aunque se hayan quemado los paquetes electorales, aunque no se haya sabido con exactitud "cómo se cayó el sistema" y que enredos le metieron al cómputo en ese momento. Sería una investigación interesante, porque están muy vivos los actores: está el ex presidente, el ex secretario de gobernación, el ex director del registro de electores. Habrá mucha gente que pueda informar bien. Y seguramente al empezar a salir esa información se comprobarà lo que muchos creemos que fue la realidad: un gran fraude electoral, un resultado electoral oficial que no corresponde a la realidad. Pero esto es hoy mucho menos importante que casos como el de los desaparecidos, donde hay responsabilidades de otro tipo. Claro que aquí hay una grave responsabilidad frente al pueblo, porque se le hicieron perder seis años de edificación democrática y de participación, lo cual no es poco en la historia de un pueblo. En fin, sería una de las cosas que haya que investigar.

—*¿Las relaciones entre Estado y medios de comunicación? Las relaciones entre el estado y los medios han estado permanentemente corrompidas, envilecidas. Supongo que tienes ideas muy claras respecto a cuál va a ser la relación del gobierno con los medios, con la prensa, la radio, particularmente con la televisión. ¿Cuál será la relación del nuevo presidente con estos sectores?*

—Una relación clara, objetiva. Se dará desde luego toda la información que debe darse desde una oficina como es la Presidencia. Y lo que se puede reclamar es que se produzca una información objetiva. Se deben acabar las subvenciones. Antes no las había. No había la "fuente famosa", los sobres, los chayotes. Incluso ha habido épocas de prensa muy crítica hacia las autoridades, violentamente crítica. En la época de mi padre fue una relación clara desde el punto de vista del gobierno, y fue una prensa muy crítica. Y no pasó nada.

—*Una de las grandes preocupaciones entre los miembros de mi generación es la función de la televisión privada. Como formadora de mentalidades, de cultura popular, como la más violenta desinformadora, como controladora del mundo del espectáculo, como pretendida rectora de la cultura. Al lado de es-*

138

ta televisión privada, una televisión estatal muy deudora de las relaciones con el gobierno-partido en el poder, mediocre, confusa en la mayoría de los casos. ¿Se va a revisar esto?

—La actuación de los medios en general, y en particular de los medios concesionados, por el impacto social y político, por los alcances que tienen, obliga a que se revise la reglamentación actual, y estoy pensando en particular en la televisión. La TV debería ser un medio abierto a las diversas expresiones culturales, artísticas, sociales, políticas. Hay algunas experiencias, que sin copiarse mecánicamente, nos permitirían pensar que es posible tener un esquema distinto al meramente lucrativo y comercial que tenemos aquí en México. Tendrían que abrirse oportunidades para que las organizaciones sociales, las diversas escuelas de pensamiento artístico pudieran realmente expresarse. Hay que hacer un esfuerzo de imaginación y en particular quienes trabajan elaborando cultura y fabricando arte tendrían que hacerlo, para que ellos nos digan por dónde ven estas posibilidades. Hay mucha gente que hace cine, que hace televisión y que prácticamente no tiene ninguna oportunidad en estos medios. No sé si esquemas como el de la televisión pública en Estados Unidos pudiera ser parte de este nuevo proyecto, hay televisiones y radios comunitarias en otras partes.. en fin, habría que buscar que fuesen efectivamente vehículos de formación e información de la opinión. Esto no quiere decir, porque creo que nadie estaría pensando en eso, en que la buena información, la que abre el debate, donde se pueden analizar distintas corrientes de pensamiento, tenga que ser pesada, un rollo, como decimos; aquí entra el técnico, la calidad artística. Se pueden hacer cosas bien hechas que no sean distorsionadoras.

Cuando vamos a la información directa, lo que se tiene que elegir es veracidad y realismo, o que cuando expresan sus opiniones asuman la responsabilidad de decir que están opinando, que son sus visiones, y no presentar como información lo que es opinión, posición interesada de grupo. No se trata de coartar a nadie, pero si exigir responsabilidades.

—Imagino a partir de esto que el nuevo presidente tendrá en la cabeza una televisión combinada integrada por una televisión comunitaria, pública y privada ¿seguiremos pensando en TV privada monopólica?

—Yo creo que si algo que se tiene que revisar, y esto no es únicamente en cuanto a la televisión, es toda nuestra legislación en materia de monopolios. Monopolio no es la tienda de la esquina en una pequeña comunidad, como piensa el secretario de Comercio. Hay casos mucho más serios, el informativo en materia de televisión, ponte a pensar en qué programas noticiosos retransmiten las estaciones televisoras en toda la provincia... La industria del cobre, donde una persona controla el 95 % de la producción, la industria del vidrio... No quiero decir que se esté en este momento fuera de la ley. Lo que quiero decir es que las relaciones monopólicas se tienen que revisar. En Estados Unidos, un país estrictamente capitalista, hay una legislación muy severa antimonopólica. Eso se tiene necesariamente que revisar. Habrá que ver en ese sentido como lograr que se abran oportunidades para otras gentes, para otras expresiones. Esto está muy condicionado en la realidad por lo que sucede en la comunicación, lo que llega por satélite, el cable. Es algo que se tiene que revisar. Cómo lograr que el impacto de toda esta información que llega, sin limitarla, tenga un efecto finalmente constructivo.

—*Cambiando de tema. Primer día de presidencia, nuevo gabinete. ¿Un gabinete monopartidista, pluripartidista, un gabinete pluripartidista con figuras sin partido?*

—Un gabinete plural, formado a partir de quienes sean representativos de las fuerzas diversas que se hayan agrupado en torno a una candidatura democrática. Quienes hayan sido los autores del triunfo de agosto del 94. Espero que en ese gabinete, desde luego, haya miembros del PRD, gente de otros partidos políticos, personas que no se hayan distinguido por su actividad partidaria, pero que conozcan de un ramo, de una actividad en particular. Y también que se pueda tener confianza en cada uno de quienes sean designados, por sus conocimientos, por su rectitud, porque se sepa que son personas que van a responder al compromiso y a la sensibilidad de ser parte de un gobierno de transición que tiene que sentar las bases de una democracia real, que tendrá que desarrollar y consolidar la democracia al andar del tiempo. No es nada más que llegue un gobierno y se hizo la luz de un día para otro, habrá que trabajar mucho y hay que trabajar en muchos frentes y recomponer muchas cosas.

—*Una pregunta maligna. A partir de tus palabras veo un gabinete así, me lo imagino. ¿Hay algunos nombres indispensables en este primer cuerpo, en este grupo de ministros, de colaboradores del presidente, gente que te acompañó en estos últimos años y que…? No sé, ¿hay algunas personas, cuyos nombres estarían allí? Ciertas personas cuyos rostros verías… y no quiero jugar a la presión de arrancarte nombres, hablo de nombres que asoman de una manera muy obvia, como Porfirio Muñoz Ledo, Heberto*

141

Castillo...

—Hay compañeros que han andado en esta lucha, que se distinguen por sus conocimientos, por su trayectoria recta, porque han manejado con honradez los recursos y todo lo que está al alcance de un funcionario público. O que han dado una lucha muy recta desde la oposición. Hay quien está en la oposición desde hace muy buen rato. Seguramente esos nombres estarían como parte de un gabinete plural. Pero yo agregaría que no hay nadie indispensable; hay mucha gente que puede y que podrá sin duda ser parte de un gobierno plural que trabaje para el país. Ni yo, ni nadie es indispensable. Siempre se nos puede substituir por alguien y por alguien con ventajas. Se tratará de que en el nuevo gobierno estén representadas aquellas fuerzas comprometidas con el cambio, pero al mismo tiempo haya una característica común: honradez, conocimientos y eficiencia en el desempeño de la función.

—*¿Si tuvieras que salvar a algún alto funcionario priísta de los últimos dos sexenios, que por su trayectoria administrativa te resultara respetable, salvarías alguno? ¿Podrías pensar en alguno como parte de ese futuro gabinete?*

—Te diría que, de entre quienes se han mantenido del otro lado y han mantenido cargos de secretario de estado o equivalente, no veo a nadie; no veo a nadie porque ninguno ha tomado un compromiso con la democracia; ninguno ha tomado un compromiso contra algo que sería esencial en este nuevo gobierno, que es la lucha contra la corrupción. Entonces, simplemente no los veo; y no quiero decir que no haya gente con conocimientos. Pero pensando en que no hay indispensables, creo que hay mucha gente que con ventajas podría asumir esos cargos. En cambio, sí veo a muchísimas personas que están en la administración en cargos medios y medios superiores, que tendrían que ascender y que tendríamos que aprovechar su experiencia. Pienso en un gobierno que se formaría a niveles medios con una mitad de llegados de afuera y otra mitad de los que están adentro.

—*¿Hay alguien que veas en algún puesto? Que te digas, este hombre es el indicado... Aunque sea algo tan particular como: "este hombre será el ayudante del contralor principal y vigilará todos los dineros de la administración", o "este hombre será el embajador de México en Francia", como Carlos Fuentes, que lo sabe hacer bien. ¿Hay algún nombre en tu closet para el que tengas una propuesta de destino político el día en que entres a palacio?*

—No. No con esta anticipación. Pero debo decirte que tengo notas, que he tomado muchas notas, respecto a gente que sé que me van a poder acompañar en esta empresa de formar gobierno.

—*Bien, creo que más allá de lo que he logrado no voy a poderte sacar nada, ni siquiera jugando al juego de: "A ver, ¿habrá alguien cuyo apellido empiece con R en Agricultura?" Cambiemos de tema: la universidad, la educación. Creo que hay una profunda angustia respecto al destino de la educación superior y una grave preocupación de cómo ha sido conducido hasta ahora el problema. ¿Llegar a palacio para decir qué respecto al tema?*

—La educación es sin duda el área prioritaria de un gobierno que busque crecimiento económico con independencia, que busque democracia participativa. Un gobierno que quiera cambiar las realidades actuales del país tiene que darle prioridad a la educación. Desde la más elemental, el jardín de niños, hasta la superior y pasando por las áreas de capacitación para

143

el trabajo, deporte, complementarias pero indispensables. Yo veo que el recurso más valioso es el recurso humano, pero no lo valorizamos. La única forma de valorizarlo es a través del sistema educativo. Una generación que se pasa, un joven que no pasa por la escuela, es un joven que se perdió. Hay que revisar los contenidos educativos, hay que reorientar la educación para que se ofrezca una formación altamente democrática, que la gente aprenda a pensar, a decidir. Hay que dar oportunidades para que todo el mundo pueda formarse, y esto en un país de tan fuertes desigualdades como a las que nos han llevada las últimas administraciones, forzosamente tiene que complementarse con medidas de carácter asistencial: becas, comedores, internados en zonas rurales. Y tienen que ser medidas transitorias, pero no sabemos por cuanto tiempo. No podremos abandonarlas hasta que mejore sustancialmente la situación económica de sectores muy amplios de la población. Tenemos que valorizar y valorizar de forma permanente nuestros recursos humanos, y esto tiene que hacerse a través de la educación. Por otra parte tenemos que luchar para tener acceso a los conocimientos de punta, es la única forma en que podemos pensar en tener una economía que corresponda a nuestros intereses nacionales. Esto exige, desde luego, ir a la lucha por una relación internacional más equitativa. Pero la investigación científica, el desarrollo tecnológico tienen que estar en el centro de un proyecto de desarrollo democrático que contenga un proyecto de nación y de desarrollo con independencia.

—*Te he oído hablar varias veces de la miseria económica en la que viven los profesores de primaria... ¿Atacar esto formaría parte de tus tareas en el primer día de presidente?*

—No se puede pensar en mejorar el sistema educativo, si no lo acompañas de recursos presupuestales. No puedes decir que al actual gobierno le interesa la educación cuando destina recursos presupuestarios inferiores, muy abajo, a los que se han destinado en anteriores administraciones. La prioridad no está demostrada en la práctica. Hay que elevar ingresos de los trabajadores de la educación, hay que elevar los ingresos de todos los trabajadores, es uno de los grandes retos que se tienen de aquí en adelante. Hay que hacer una enorme inversión en las instalaciones materiales del sistema educativo. Existe una gran proporción de escuelas donde en un solo salón se da hasta tercero o cuarto año de primaria y a veces hasta sexto año. Esto no es posible, esto es inaceptable. Hay que destinar muchos recursos a la universidad, a la educación superior pública, becas para gente que se pueda formar dentro y fuera del país, en postgrados y tiene que ser una educación de excelencia. Se requieren recursos y habrá que ver en dónde los encontramos. Pero no podemos darnos el lujo de seguir perdiendo generaciones de mexicanos que no formamos, que no tienen acceso al conocimiento, que finalmente no pueden contribuir al desarrollo del país, y esto tiene que ir acompañado de un proceso en que aumenten los ingresos de los trabajadores y se creen puestos de trabajo.

—*La gran pregunta: El marasmo de la corrupción, acompañante de los mexicanos durante muchos años. ¿Cómo va a enfrentar el nuevo presidente el viejo pantano? ¿Hay algunas ideas precisas?*

—Yo tengo la experiencia de que si la cabeza no está podrida, se puede quitar mucho de lo podrido. Si la cabeza está podrida, dificilmente se tiene autoridad, y sin duda no hay voluntad para quitar todo lo demás. No es fácil, existen muchos vicios, pero si nosotros quitamos las comisiones de contratistas, si erradicamos a quienes gozan de prebendas, hacen negocios sucios, le venden fuerte al gobierno; si se actúa en contra de la mordida grande... primero contra la mordida grande y simultáneamente contra la chica, las cosas se pueden empezar a revertir. No es fácil, porque hay una cultura de la corrupción, pero si existe sin duda voluntad política, muchas cosas pueden corregirse, puede enderezarse la impartición de justicia. Pueden reducirse muchos gastos que finalmente tiene que hacer la empresa o el ciudadano para simplemente hacer un trámite común o tener acceso a una oportunidad legítima y básica. Pero esto tiene que ser prioritario de aquí en adelante. A grandes males, grandes remedios.

—*Háblame de un problema que afecta profundamente a los ciudadanos, la corrupción policiaca, el caos del sistema judicial, el desastre del sistema carcelario; esta triple combinación maligna que cuando un mexicano cae accidentalmente en sus ruedas, su futuro está destruido. ¿Tienes algún proyecto que permitiría combatir este triángulo maldito?*

—Yo recuerdo cuando llegué al gobierno de Michoacán, una de las primeras informaciones que me llegó, es que en las épocas de feria, manifestaciones políticas, mítines grandes, concentraciones de cualquier tipo, se vendía la plaza; el jefe de la policía le vendía la plaza a los carteristas. Durante los 6 años que estuve en el gobierno de Michoacán no se vendieron. No desaparecieron los ladrones, pero sus oportunidades se redujeron mucho. Por eso te podría decir que cuando la cabeza actúa con rectitud y honradez, mucho se puede corregir hacia abajo. Hay que exigir responsabilidades. Hay muchas responsabilidades acumuladas. No es admisible que el sistema carcelario del país esté sustentado en cuánto puede pagar el preso. No es válido, no es admisible. Tenemos que revisar leyes, prácticas en ese terreno. pero lo que no es admisible, es que allí estén los centros de distribución de drogas, donde se acrecienta la delincuencia, donde no hay posibilidad de rehabilitar. Es irónico el término. Hay que meter orden, hay que hacer descansar la responsabilidad de estos centros en quienes están ahí, que efectivamente están pagando un delito. Hay mucho que hacer, y mucho se puede hacer si se empieza a poner orden arriba. Mientras sean los cuerpos policiacos los que alimentan la delincuencia, mientras sean esos cuerpos donde se prepara el crimen; y si además han sido armados, entrenados... Estamos mal. En este país no se preparan policías, se están preparando delincuentes.

—*¿Hay alguna experiencia personal con la policía que marque tus comportamientos futuros?*

—Cuando en 1989 a Cuauhtemoc, a mi hijo, lo agredieron una noche en Miguel Angel de Quevedo. Lo detuvo un carro con tres o cuatro personas, lo bajaron de su auto, le produjeron algunas pequeñas heridas y lo amenazaron diciendo que ya deberíamos dejar de fastidiar en el proceso electoral de Michoacán. Lo dejaron, pero en lugar de investigar a los que había que investigar, se dedicaron a investigar a sus amigos. Interrogaron a 120 o 140 personas, que no tenían nada que ver con el expediente; se llenó un cuarto de papeles... Es como el chiste de que se te pierde la moneda en lo oscuro y la buscas en la luz...

—*¿Y los cadáveres que te echaron en Michoacán?*

—Camarena y su compañero, de tanto ruido reciente, tanto que aún no se acaba. Unos días antes de que aparecieran los cadáveres habían asesinado a una familia y querían echarle la culpa del asesinato de Camarena y el piloto de la DEA a los difuntos. Hubo presencia de judiciales federales y de judiciales de Jalisco en el estado de Michoacán, en el caso de estos últimos sin correr los trámites que deben hacerse, diciendo que estaban haciendo una tarea de apoyo a los federales.. Cuando conocí de los asesinatos de toda una familia en un supuesto enfrentamiento y de una segunda presencia de judiciales de Jalisco en aquella zona, me presenté allí, elevé una protesta que hice pública, al gobierno del Jalisco y simultáneamente llegué acompañado del secretario de gobierno y del procurador del estado de Michoacán. Nuestra presencia les enredó el asunto. Les pregunté qué estaban haciendo, "parece que hay unos cuerpos en esta huerta" la huerta de las personas que habían matado días antes. Y cuando les pregunté que estaban haciendo allí judiciales de Jalisco, el que comandaba la operación no tuvo una respuesta. Se les había enredado el asunto. Y sin que yo les pidiera que se retiraran, empezaron a retirarse, de manera que los cuerpos que iban a "descubrir" allí, no alcanzaron a llegar. Los muertos que estaban esperando para depositarlos allí, no llegaron a tiempo, llegaron después y no alcanzaron a depositarlos en el lugar en que tenían que "encontrarlos" y los dejaron como a medio kilómetro. Allí los encontró más tarde un campesino que venía de cortar hierba, avisó a las autoridades. No querían ir las autoridades del pueblo, porque había habido una matazón "nos van a seguir matando". Yo pensé que iba a desatarse una cacería de gente inocente, como los cinco que asesinó la judicial federal y los judiciales de Jalisco. Fueron a la cabecera municipal, le dijeron al síndico y éste dijo "yo tampoco voy". Finalmente convencieron al presidente municipal y fueron a recoger los cuerpos que resultó eran, claro está, los cuerpos de Camarena y su compañero que habían asesinado algunos días o algunas semanas antes.

—*¿Te ha pasado por la cabeza cambiar el sistema judicial e introducir el sistema de jurados?*

—No exactamente. En torno a este asunto, se está empezando a trabajar con personas de distintos sectores y grupos, del Partido y fuera del Partido, gente conocedora de temas específicos, para estudiar estos problemas. Quiero alentar a que muchos ciudadanos contribuyan a elaborar una propuesta sobre estos temas esenciales, como la justicia, la corrupción policiaca, los sistemas penitenciarios...

—*Cambiando de tema. El presidente llega a Palacio en su carro y para poder acceder a su despacho tiene que cruzar durante 45 minutos una nube negra de contaminación; va a encontrar una ciudad de México más degradada todavía de lo que hoy está, porque parece que bajo la actual administración el proceso de degradación ambiental se va a seguir acentuando. ¿Alguna propuesta inmediata para enfrentar esto? Y ya no hablemos sólo de la ciudad de México. Ya Guadalajara empieza a mostrar síntomas, Puebla... un cáncer que avanza sobre las grandes ciudades del país.*

—No podemos desconocer que las causas de la contaminación, aparte de la conformación del valle de México, tienen que ver con la depredación, la degradación de los recursos naturales y se originan en la miseria, la corrupción y el atraso y la dependencia. El valle de México debe declararse una zona de emergencia. Se vive aquí una emergencia permanente. Cuando establecieron los índices IMECA, que finalmente nadie sabe qué son, si llegaba a 100 ya era emergencia, ahora hemos llegado a cerca de 400 y no pasa nada. Ya no se interrumpen clases, ya no se toma ninguna medida. Este valle de México debe declararse zona de emergencia y tratarse como tal. Hay que reglamentar muy bien como tratar las nuevas edificaciones, el tipo de centros comerciales que se construyan, para que no generen concentración vehicular, todo tipo de construcciones... Tiene que hacerse un enorme esfuerzo ecológico para racionalizar el transporte, de manera que podamos abatir los índices de contaminación que se originan en los vehículos; pero tiene que darse una lucha paralela, contra la corrupción y la contaminación. Hay 35-40 mil industrias, y si se han tocado 500 o 700, es mucho, en cuanto a hacer una revisión a fondo de su situación. Y no se trata de multarlas; creo que lo último que debería importarnos es multar a una empresa que contamina. Lo que hay que hacer es evitar que se contamine la atmósfera, que se contaminen los mantos freáticos. Y esto requiere una acción de las autoridades, pero también de todos los habitantes, del país, pero en particular del valle de México. Hay que hablar muy claramente con los empresarios, con los dueños de las industrias del valle de México, seguramente en muchos caso se puede instalar equipos anticontaminantes; en otros, por las características particulares hay que sacar las fábricas de aquí. El gobierno debe disponer de fondos. Un industrial, un empresario, no tiene que tener dinero en la bolsa, para poner equipos, para modernizar sus plantas, debe haber una acción conjunta: fondos, dineros blandos, créditos para instalar equipos anticontaminantes, para tomar las medidas que procedan, para desplazar industrias a todas partes. Este problema no

150

es nada más de la ciudad de México, en las grandes ciudades empezamos a ver efectos graves en lo que hace la contaminación y también hay mucha contaminación de otros aspectos, en corrientes de agua fuertemente contaminadas por las descargas de aguas negras... Cuando había poblaciones pequeñas, el efecto de oxigenación en un arroyo era suficiente para hacer la depuración química y biológica. Ahora ya no se puede porque somos muchos más los que vivimos en el país. Programa prioritario debe ser el tratamiento de aguas, el tratamiento de las basuras. Este país está hecho un basurero, sólo hay que salir a una carretera para verlo. No es posible que sigamos depositando basuras de 80 millones de habitantes del país a cielo abierto. Tampoco los rellenos sanitarios parecen ser la solución. Habría que pensar en un trabajo a través del sistema educativo, de los medios de comunicación, para que se hiciese conciencia ecológica. Hay que aprender a tratar la basura separando los materiales, los reciclables, los orgánicos, con objeto de aprovecharlos; unos y otros constituyen materia base para actividades productivas. Vamos a crear empleo a partir de la basura. No perdamos de vista que en muchos casos un buen manejo de basura tiene efectos sobre la salud y la contaminación. Bueno, si eso va a costar, nos tiene que costar a todos, pero tenemos que poner en marcha acciones para que este país no siga siendo un basurero que crezca. Y tendremos que pensar lo mismo en contaminaciones que se hacen sobre nuestras costas. Si se mete uno a muchas playas de Acapulco por ejemplo, se nada entre bolsas de plásticos. Esto no es aceptable para el potencial turístico que tenemos. Echar a perder por la contaminación bancos de peces, langostas, pulpos. No es aceptable. No se vale. Todo esto tiene que ser prioritario en una acción por reconstruir el país.

—*La solución Brasilia, de la que se empieza a hablar: Sacar la capital federal de la ciudad de México y liberarla del peso de millones de administradores públicos y sus familias. Reducir el DF.*

—Habría que estudiar muy seriamente si sacar la capital reduce la ciudad. Sacaron al gobierno de Río y Río siguió siendo una de las ciudades más importantes de Brasil. Ni se redujo la ciudad, ni dejó de ser centro económico y demográfico. No disminuyó su tasa de crecimiento. Pero habría que estudiarlo. No podemos darnos el lujo de descartar nada.

—*¿Estado de Anáhuac?*

—Definitivamente. Una de las primeras iniciativas, si no es que lo ganamos antes, sería convertir al DF en estado de Anáhuac. En muchos países coinciden en una ciudad el gobierno nacional, estatal y municipal. No estaríamos inventando el agua caliente. Sería indispensable que el ciudadano de lo que ahora es el DF, tenga plena posibilidad de ejercer sus derechos constitucionales, de elegir a los gobernantes más inmediatos, a los que gobiernan su ciudad.

—*Primer día de presidencia, suena el teléfono. Contestas. Una voz dice "Hello, It's Bill". Es Clinton que te quiere felicitar. ¿Cómo serán las nuevas relaciones con los Estados Unidos?*

—Buenas, tienen que ser buenas. Porque tenemos mucho que hacer, mucho que tratar, mucho que trabajar en común. Las relaciones no nos han sido desfavorables cuando ha habido en México gobiernos que ponen por adelante el interés del país. Y esto no les extraña. No se sorprenden de tener relaciones con iguales. Ahora, a quien le das pan que llore. Si les regalan un país a cambio de nada, si ponen a trabajar nuestra economía para las necesidades de ellos, lo

cual les ayuda, porque todo el mundo tiene problemas. Si se les dice "tú dispón de mis recursos, tú di
en que gasto, cómo le hago... ¿que va a haber pobre-
za en México?, ese es asunto mío". Bueno, a quien
le dan pan que llore... Pero cuando ha habido gobiernos que defienden los intereses del país, se han tenido buenas relaciones con los Estados Unidos, se ha
ganado el respeto de los Estados Unidos. No sólo de
los Estados Unidos, sino de todo el mundo.

—¿*Integración latinoamericana?*
—Prioritaria y agregaría viable. No creo que sea
una utopía. Podemos caminar efectivamente hacia la
integración latinoamericana, quizá conforme vayamos ganando gobiernos democráticos y convencidos
de esta posibilidad. El 94 va a ser un año de muchos
avances para América latina. Hay muchas cosas que
se pueden empezar a hacer con perspectiva continen-
tal. ¿Por qué no empezar a pensar, por ejemplo, en
que nuestro sistema de educación superior, de educación tecnológica, se combinaran con una visión con-
tinental? No habría ningún impedimento para establecer equivalencias en estudios, para coordinar esfuerzos que nos permitieran combinar recursos. No habría por qué pensar que los sistemas de transportes
no pudieran coordinarse continentalmente. ¿Qué problemas tenemos para establecer vínculos en materia
editorial, derechos de autor, cine? ¿Qué razón hay
para no pensar en desarrollar industria del cobre, industria siderúrgica, forestal, con una visión conti-
nental? No habría ninguna razón para no poderlo hacer. Vamos pensando en darle más facultades al par-
lamento latinoamericano. Vamos a quitar las visas,
vamos a quitar pasaportes, vamos a permitir el libre
tránsito de personas, de trabajadores. Poco a poco,
no es de un día para otro. Pero ¿por qué no arranca-

mos con una gran visión tomando en cuenta los impactos positivos y negativos? ¿Qué problema tendríamos para tener un flota mercante común? Yo no veo problemas en ese sentido, o para aprovechar el desarrollo que tiene sin duda la planta productiva de Brasil, y complementarnos unos con otros, Brasil, Venezuela, Colombia, Argentina... Tenemos un desarrollo que debe integrarse con racionalidad.

—*¿Qué ley te gustaría firmar en este primer día de presidente? La que te gustaría, no las que las circunstancias te obligarían a firmar...*

—Son muchas...

—*Una detrás de otra y una pluma grande...*

—Son muchas las leyes que habría que firmar. El Estado de Anáhuac, un alza de los salarios es indispensable, indispensable... Es que hay mucho que hacer y se tiene que hacer simultáneamente, hay que dar la pelea en muchos frentes, y todos son indispensables y todos son prioritarios.

Tendríamos que poner en marcha una revisión a fondo de la Constitución. Hemos planteado la necesidad de revisar la constitucionalidad de este país. ¿Cual es el marco que permite construir la democracia con vistas al siglo XXI? Tenemos que revisar nuestras instituciones políticas, tenemos que ver cómo hacer respetar derechos constitucionales que no se ejercitan, al trabajo, a la salud. Tendríamos que revisar nuestro sistema de justicia, la cuestión agraria, el compromiso del estado de impartir educación a todos los niveles...

—*Una última pregunta. ¿Qué monumento de héroe nacional te gustaría visitar al final de esta primera jornada presidencial? ¿A quién de los personajes de nuestra historia irías a saludar al final de este primer día?*

—A mi padre, donde se encuentra la presencia de la soberanía y el respeto a las reivindicaciones populares... Habría que hacer una visita larga, ir luego al monumento a Juárez, la esencia de la preservación de la patria e ir también a ver a Zapata, uno de los grandes caudillos populares, cuya lucha por la tierra ha sido y es esencial en lo que es México actualmente...

Una nota final

Esta entrevista fue realizada a mediados de febrero del 93. No quise hacer ningún tipo de acotación o reflexión que pasara por las palabras de terceros. El tema me parecía interesante en sí mismo. La entrevista transcribe las respuestas de Cuauhtémoc Cárdenas con fidelidad, pero hay cosas que se ocultan en la grabadora y de las que quiero dejar constancia: a lo largo de la conversación se rió dos veces, la primera cuando insistí en sacarle los nombres de los futuros miembros de su gabinete, la segunda cuando pensaba como responder a la llamada telefónica de Bill Clinton. A lo largo de la entrevista se emocionó visiblemente una sola vez, cuando desarrolló el proyecto de integración latinoamericana, y enfatizó por encima de lo normal dos veces, la primera cuando habló de la reconstrucción del sistema educativo y del aumento salarial a los profesores de primaria, la segunda cuando dijo que nuestro país se había vuelto un basurero en materia ecológica.